2022 年度教育部人文社会科学研究一般项目
2023 年河南省哲学社会科学规划年度项目（项
2024 年河南省哲学社会科学规划年度项目（项
2025 年河南省高等学校重点科研项目（项目编号：25A880010、25A880008）

孤独症儿童情绪支持系统：
智能化教育干预的创新研究

廖梦怡　著

新 华 出 版 社

图书在版编目（CIP）数据

孤独症儿童情绪支持系统：智能化教育干预的创新
研究 / 廖梦怡著. -- 北京：新华出版社，2025.5
ISBN 978-7-5166-7973-9

Ⅰ. G766-39

中国国家版本馆CIP数据核字第2025LP2890号

孤独症儿童情绪支持系统：智能化教育干预的创新研究

著者：廖梦怡

出版发行：新华出版社有限责任公司

（北京市石景山区京原路8号　邮编：100040）

印刷：定州启航印刷有限公司

成品尺寸：145mm×210mm　1/32　　　印张：6.75　　　字数：160千字

版次：2025年5月第1版　　　　　　　　印次：2025年5月第1次印刷

书号：ISBN 978-7-5166-7973-9　　　　　定价：78.00元

微店　　视频小号店　　抖店　　京东旗舰店

微信公众号　　喜马拉雅　　小红书　　淘宝旗舰店　　扫码添加专属客服

前　言

　　孤独症儿童如同独特却孤独的星辰，在社会群体中闪烁着别样的光芒。他们因神经发育差异，面临着社交障碍、情感表达困难等诸多难题。这些难题不仅深刻影响着他们的日常生活与成长发展，还为家庭和社会带来了沉重的负担。根据世界卫生组织数据及近年国际研究数据估算，全球孤独症发病率普遍为 1%～2%，这意味着数以千万计的孤独症儿童及其家庭正渴望得到有效的干预与支持，以帮助他们走出困境，更好地融入这个纷繁复杂的世界。

　　在特殊教育领域，对孤独症儿童的情绪教育干预日益受到重视。情绪在人际交往中占据着举足轻重的地位，对于孤独症儿童而言，情绪障碍往往成为阻碍他们成长的最大绊脚石。幸运的是，随着科技的飞速发展，人工智能技术犹如一束曙光，为他们带来了全新的希望与可能性，可以在情绪教育方面提供强大的支持。

　　人工智能技术凭借其强大的数据处理、模式识别与自学习能力，在诸多领域展现出了非凡的潜力。在孤独症儿童情绪教育干预方面，人工智能技术能实时分析个体的生理、行为数据，精准识别孤独症儿童的情绪状态，为后续的个性化干预提供坚实的依据；能凭借自学习能力，不断优化干预策略，以适应儿童情绪的动态变化；能巧借虚拟社交环境，为孤独症儿童打造无压力的社交练习空间；能利用自然语言处理技术，有力地提升儿童的语言沟通能力，极大地提升专业人员的工作效率，减少人为偏差。

本书深入探讨了人工智能技术在孤独症儿童情绪教育干预中的应用，内容涵盖理论基础、技术实践及创新应用等。第 1 章阐述孤独症儿童情绪支持的重要性及智能化教育干预的发展趋势，分析人工智能技术在孤独症儿童情绪教育干预领域的研究现状与挑战。第 2 章介绍孤独症儿童情绪障碍的特点、影响因素及情绪支持的必要性，为后续研究奠定理论基础。第 3 章聚焦智能化教育干预的理论基础，介绍孤独症儿童干预的定义、人工智能技术的作用、智能情绪教学代理与教育干预、音乐治疗与情绪调节机制。第 4 章介绍智能化干预场景，主要研究其应用现状、存在的问题和发展潜力，探讨融入真实人物形象的虚拟场景和自适应调整机制等。第 5 章研究智能情绪教学代理的应用，包括其理论基础、设计原理、应用实践、效果评估、优化策略。第 6 章研究人工智能辅助情绪识别与调节实践，包括孤独症儿童的核心症状及情感需求、社会情感状态识别的困境、情感识别和调节的技术和策略等。第 7 章研究人工智能再创造式音乐治疗对孤独症儿童负面情绪的干预，包括研究基础、干预系统和活动、反馈循环系统以及干预流程。第 8 章设计实验，对人工智能支持下的共情能力进行量化研究。本书逻辑清晰，全面且系统地介绍了人工智能技术在孤独症儿童情绪教育干预中的应用。

本书旨在为特殊教育工作者、心理学研究者以及人工智能技术开发者介绍相关的理论知识、实践案例与创新思路，希望在孤独症儿童情绪教育干预这条充满希望与挑战的道路上，大家能携手共进，借助人工智能技术，为孤独症儿童点亮情绪教育的明灯，照亮他们前行的道路，助力他们拥有更加美好、充实的人生。

目　录

第 1 章　绪论

当前，孤独症儿童的情绪教育干预已成为特殊教育领域的一个重要内容。孤独症儿童有社交障碍和情感表达障碍，这些问题深刻影响着其日常生活和成长发展。随着人工智能技术的飞速发展，人们看到了一种新的可能性——利用智能化手段为孤独症儿童提供精准的情绪教育干预。本章将深入探讨孤独症儿童情绪支持的重要性，并分析智能化教育干预在孤独症治疗领域的发展趋势。通过概述人工智能技术在识别孤独症儿童情感状态和提升孤独症儿童社会情感调节能力方面的应用现状，探讨当前研究面临的挑战。

1.1 孤独症儿童情绪支持的重要性

孤独症是一种高发的儿童广泛性发育障碍。美国疾病预防控制中心 2020 年发布的报告 [1] 显示：全球各地区的孤独症患病率普遍为 1% ~ 2%，其中美国的孤独症患病率高达 1.85%（1/54）。复旦大学附属儿科医院等单位对 2013—2017 年采集自 8 个省市的 12 万多个样本的分析结果显示，我国儿童孤独症的患病率约为

0.7%[2]。保守估算，全球孤独症患者已达 7 000 万；我国孤独症患者逾千万，其中儿童少年患者超过 200 万。世界卫生组织指出，孤独症已成为世界性的医疗难题，严重影响人类生活质量和健康[3]。

孤独症的主要特征为社交障碍、语言和非语言交流障碍、兴趣狭隘、重复刻板行为[4]。研究人员认为，孤独症患者的核心问题是社会功能受损，其中以难以表达自我情感或难以理解他人社会情感状态为代表的社会障碍是孤独症患者的主要表现[5]。社会情感状态指儿童具备在社会互动过程中体验积极情绪的能力，以及调节消极情绪，使情绪趋于平和的能力[6]，主要包括积极社会情感状态、中性社会情感状态和消极社会情感状态。社会情感是个体适应社会生活、建立人际关系的关键。破镜理论（broken mirror theory）[7]认为，镜像神经元系统的功能损伤导致孤独症患者存在社会认知缺陷，进而导致其社会交往和沟通障碍。由于独特的神经发展特点，大部分孤独症儿童伴随有情感障碍引起的问题行为，分为内向性行为（忧郁、焦虑等）和外向性行为（易冲动、攻击性强、过动等）[8]。无论是内向性行为还是外向性行为，都阻碍着孤独症儿童自身和家庭的正常生活。然而，孤独症儿童的社会情感状态表达方式具有非典型性、隐蔽性和复杂性，对孤独症儿童的社会情感状态进行识别较为困难。

孤独症儿童难以感受自我情感状态，不能对自我情感状态进行调节是造成其社会交往障碍的主要原因[9]，因此对孤独症儿童提供情绪支持至关重要。

1.2 智能化教育干预的发展趋势

2019 年 7 月 15 日，国务院印发《国务院关于实施健康中国行动的意见》和《健康中国行动（2019—2030 年）》，提出健康中国行动"六大精准"服务，其中明确提出要使用人工智能技术，借助智能化识别诊断设备，使用量化数据精确地识别患病个体及患病程度，以便制订个性化的康复方案，有效改善预后[10]。由于当前孤独症干预方法普遍停留在劳动密集型的人工模式[11]，而且效果欠佳，越来越多国家使用人工智能技术辅助孤独症筛查、干预。使用这一方法不但能够减少对专业师资的过度依赖与消耗，降低干预成本，而且能够取得传统方法无法企及的干预效果。人工智能赋能孤独症教育干预为广大孤独症患儿带来了康复希望，是我国特殊教育领域的现实需求，也是化解社会问题的有效途径。

1.3 人工智能支持孤独症儿童情绪教育干预的研究现状

人工智能技术已经被广泛应用于孤独症儿童情绪教育干预研

究。人工智能能够实时分析个体的生理和行为数据，准确识别个体的情绪状态，可以为孤独症儿童个性化干预提供科学依据[12]。人工智能较强的学习能力有助于不断优化干预策略，适应儿童情绪变化。人工智能创造的虚拟社交环境为儿童提供了无压力的社交练习机会，可以促进孤独症儿童社交技能的发展。自然语言处理技术有助于提升儿童语言沟通能力。技术的应用提高了专业人员的工作效率，减少了人为偏差。人工智能的高效性、自适应性和交互性，结合专业干预，为孤独症儿童提供了精准、个性化的社会情感支持，有助于提升其社会情感能力，展现了其巨大的的应用潜力[13]。

1.3.1 孤独症儿童社会情感状态识别研究

技术和智能检测设备不断发展，已能根据许多生物性指标，如眼动数据、面部表情数据、生理反应数据、脑电数据等，有效识别人类情感状态。越来越多的研究者开始使用这些数据，并结合深度学习算法，进行孤独症儿童的情感状态识别研究，并取得了不同的研究结果。易慧使用支持向量机提取心率变异性的时域、频域等参数对社会情感状态进行分类，最终分类准确率为75%[12]。香奈儿（Chanel）等人使用脑电信号对社会情感状态进行识别，结果表明脑电信号在警觉性方面具有更好的识别性[13]。国内学者柳长源利用脑电信号左右脑构造的非对称性，提取出脑电信号的不对称熵特征，对压力和平静两种社会情感状态进行识别，识别精度达到了

88%[14]。此外，金姆（Kim）等人综合采用心电、肌电、皮电、呼吸四种自主生理信号进行实验，通过提取不同分析领域的生理特征对社会情感状态进行识别，发现了与社会情感相关性最高的生理信号，最终识别精度达到了95%[15]。

研究表明，行为数据（表情、动作、语言）可作为孤独症儿童社会情感状态识别过程中的可靠依据。国内外研究者基于行为数据对孤独症儿童社会情感状态进行了一系列研究。例如，汪伟鸣分别使用最近邻分类和支持向量机的方式对提取的面部表情特征和肢体动作特征进行社会情感状态识别，将其分成愤怒、恐惧、开心、迷惑、悲伤、惊喜六个类型，通过研究发现其准确率为90.48%[16]。彼得鲁欣（Petrushin）通过被试的声音来对社会情感状态进行识别，通过提取不同社会情感状态下的声音信号，根据不同语速、不同频带宽度等特征对被试的社会情感状态进行识别[17]。当将社会情感状态分为两类时，其识别的准确率为77%；当将社会情感状态分为五类时，其识别的准确率为70%。然而，有研究认为利用面部表情或者声音等行为数据进行社会情感状态识别时，容易因被试的故意伪装而导致识别结果的不准确，尤其被试是孤独症患者，本身存在社会情感问题，无法像正常人一样正常表达自己的社会情感。

除了上述研究方法，还可以基于传统量表研究孤独症儿童社会情感状态识别。针对孤独症儿童社会情感状态的识别，传统量表提供了一种标准化的评估工具，一般从积极性情绪失调维度、反应性维度、攻击性维度三个方面进行识别[18]。这些量表通常基于行为观察和家长或教师的报告，研究者通过这些量表收集数据，以对孤独症儿童的社会情感状态进行更准确的评估和分类。然而，传统量表的评估方式存在结果不准确、主观性强等问题。

1.3.2 孤独症儿童社会情感调节能力提升的研究

社会情感调节指人们使用社会情感调节策略对不适当的社会情感进行调节，使自身的情感状态达到平稳水平，获得最佳发展的过程[19]。已有研究表明，孤独症儿童社会情感调节能力明显弱于普通儿童[20]，大约 74% 的孤独症儿童存在社会情感调节困难[21]。国内外研究者从不同角度对孤独症儿童社会情感调节能力进行了研究。已有研究较多使用应用行为分析（applied behavior analysis, ABA）、技术辅助工具以及团体干预等方法，对孤独症儿童社会情感调节能力进行干预。

汤姆森（Thomson）等人运用应用行为分析（ABA）疗法对一名孤独症儿童进行社会情感调节干预，获得了良好效果，并且后续儿童父母反馈该儿童的社会情感障碍有所减少，整体社会情感调节能力有明显改善[22]。哈特曼（Hartmann）等人针对孤独症患者进行情感调节团体干预，被试不但情感调节能力得到了提升，而且在社会关系方面也有了长足的进步，这说明以社会情感调节为重点的群体治疗方法对改善孤独症儿童社会交往是行之有效的[23]。此外，通过使用技术辅助工具，刘静对 3 名孤独症儿童的社会情感调节能力进行干预，结果取得了良好的效果，并且有良好的泛化成效与社

会效度 [24]。音乐治疗作为一种重要的干预手段，对孤独症儿童社会情感调节能力的干预有积极作用。音乐治疗通过综合运用节奏、旋律和和声等音乐元素，能够促进孤独症儿童的情感表达、社交互动能力的提升，并有助于提升孤独症儿童的语言和认知能力，同时提供了一种安全的、能吸引孤独症儿童注意力的治疗环境，对提升孤独症儿童整体情绪调节能力和行为表现具有积极效果 [25]。

1.3.3 研究展望

目前，国内外研究者已经广泛利用智能检测设备和生物性指标，如眼动、面部表情、生理反应和脑电数据等，结合深度学习算法，开展孤独症儿童情感状态的识别研究。这表明人工智能技术在孤独症情感识别领域的应用前景广阔。同时，使用多样化技术手段对孤独症儿童进行社会情感调节能力干预，展现出了巨大的潜力和显著的效果。这些干预方法能够有针对性地提升孤独症儿童的情感表达、社交互动及情绪调节技能。特别是音乐治疗，为孤独症儿童提供了一种有效的情绪宣泄和社交参与途径，从而从整体上提升了他们的情绪表达、调节能力和行为表现。然而，孤独症儿童社会情感状态的识别和调节能力提升研究仍面临诸多挑战，需要从情感状态个体差异精准表征、多模态数据有效融合、社会情感动态调节等方面进行深入探索，具体问题如下：

（1）孤独症儿童障碍的特殊性要求对其情感状态的个体差异进

行精准表征。现有研究多集中于群体特征，而缺乏对每个儿童独特的情感表达和调节模式的深入挖掘。这种不足可能导致干预措施无法有针对性地解决个体具体情感需求问题，降低了情感调节或干预效果，限制了孤独症儿童社会情感能力提升的可能性。

（2）多模态数据融合对揭示孤独症儿童情感状态的复杂性至关重要。现有研究往往孤立地分析生理、行为或历史数据，未能充分发掘这些数据间的内在联系。这种研究方式忽视了多模态数据中蕴含的深层次信息，影响了对孤独症儿童情感状态的精准识别，降低了孤独症儿童情感调节能力提升的效果。

（3）孤独症儿童的情感状态是动态且多变的，受多种情境因素的影响。现有研究往往忽视了情感状态的实时监测和动态调节需求，缺乏对情感变化连续性的考量。这种静态和孤立的研究方法可能导致干预措施无法及时响应儿童情感状态的即时变化，从而削弱了情感调节能力提升的效果。

第2章 孤独症儿童情绪障碍概述

2.1 孤独症儿童情绪障碍的特点及影响

孤独症是一种广泛性神经发育障碍，对儿童的情感、语言、思维和社会交往能力有着深远的影响。孤独症儿童在情绪表达、理解和调节方面存在明显的障碍，这些情绪障碍不仅影响儿童个人的发展，还对其家庭和社会环境产生了重要影响。

2.1.1 孤独症儿童情绪障碍的特点

孤独症儿童的情绪障碍是其核心特征之一，深刻影响着他们的社交能力和日常生活。理解孤独症儿童在情绪表达、情绪理解和情绪调节方面的特点，对于制定有效的干预策略至关重要。孤独症儿童在情感反应上常常表现出局限性和刻板性，导致他们对外界刺激的反应迟钝或过度。他们在理解他人情感状态方面也存在障碍，使社交互动变得更加困难。此外，他们在情绪调节方面存在的障碍，则进一步加剧了这一问题，常常情绪突然爆发。

首先，孤独症儿童在情绪表达上的特点是情感反应的局限性和刻板性。他们在表达个人情感方面存在困难，可能无法有效地使用言语或非言语行为来传达自己的快乐、悲伤或愤怒等情绪。这种情感表达的困难导致他们难以建立和维持人际关系。

其次，孤独症儿童在情绪理解上的障碍表现为对他人情感状态的识别和理解能力较弱。他们可能难以理解他人的情绪变化，无法有效地同情和共情，这使他们在社交场合中难以做出适当的反应，进一步加剧了他们的社交障碍。

最后，孤独症儿童在情绪调节方面往往表现出情绪波动大、难以控制的特点。他们可能会因为微小的环境变化或日常生活中的小事而产生强烈的情绪反应，如突然的哭闹、尖叫或自我伤害行为。这些情绪爆发往往是突然的、难以预测的，给儿童自身及其照顾者带来很大的挑战。

案例：小 C，男，2012 年出生，父母是主要监护人，家中无既往病史。三岁时在医疗机构被诊断为孤独症，表现出对触碰的强烈抵触，语言表达困难，交流能力较差，导致沟通障碍。他与同伴几乎没有语言互动，参与活动时显得非常被动，注意力难以集中。尽管小 C 对音乐和视频表现出浓厚的兴趣，但情绪状态却相对不稳定。通过观察和评估，发现他在情绪表达上存在显著问题。在陌生环境中，小 C 常常感到焦虑不安，双手紧紧抓住熟人的手，表现出对新环境的强烈不适。他的情绪调节能力较弱，需求未得到满足时，常会出现大声尖叫、不断转圈的行为，甚至拍打自己的头部和身体。这些行为反映了小C在情绪理解和调节方面的困难，进一步加剧了他的情感困扰。

2.1.2 孤独症儿童情绪障碍的影响

情绪障碍对孤独症儿童的影响是多方面的。首先，它影响了儿童的社交能力的发展，影响了他们与同龄人建立友谊和发展社交技能的机会。这种社交隔离可能导致孤独症儿童在学校和社会环境中被排斥和误解，进而影响他们的自尊心和自我价值感。其次，情绪障碍可能导致孤独症儿童出现行为问题，如攻击性、自伤或过动行为，可能对儿童自身和他人造成伤害，增加家庭和社会的负担。此外，情绪障碍还可能影响孤独症儿童的学习和认知发展，因为他们可能难以集中注意力，无法有效地参与教育活动。对于家庭而言，孤独症儿童的情绪障碍增加了家庭照顾的难度，可能给家庭成员带来心理压力和情绪负担。家庭成员可能需要投入更多的时间和精力来应对儿童的情绪问题，这可能影响家庭的生活质量和家庭成员之间的关系。

上述案例中小C的情绪障碍对他自身的发展和日常生活产生

了深远的影响。首先，由于情绪表达困难，小 C 在与他人建立联系时面临挑战。这不仅限制了他的社交能力，还可能导致他在学校和社区中被孤立。他的焦虑和对新环境的恐惧使他难以适应变化，这在教育和治疗环境中尤为明显，影响了他的学习和治疗效果。其次，情绪调节方面的问题导致小 C 在需求未得到满足时出现极端行为，如尖叫和自我伤害。这些行为不仅对小 C 自身有害，还可能给他人带来危险。此外，这些行为还可能引发照顾者的焦虑，给照顾者带来压力，从而影响家庭的稳定性和照顾者的精神健康。在教育环境中，小 C 的注意力不集中和被动参与进一步阻碍了他的学习，影响了他对新知识的接受和技能的发展。长期来看，这些情绪障碍如果不加以适当的干预，可能会限制小 C 的个人成长，影响他未来独立生活的能力和社会参与度。因此，针对小 C 的情绪障碍提供有效的干预，对于改善他的生活质量和促进其整体发展至关重要。

2.2 对孤独症儿童进行情绪支持的必要性

孤独症儿童面临着情绪表达与理解上的重重障碍，这些障碍影响着他们与外界的交流，也深刻影响着他们的心理健康、学习能力以及家庭生活的和谐。情绪支持作为一种关键的干预手段，对于自闭症儿童的成长与发展具有不可替代的重要作用。它不仅关乎儿童的即时情绪状态，更关乎他们的长期发展和社会适应能力。

2.2.1 提高社交能力

孤独症儿童由于其独特的神经发展特点，常常在社交互动中遭遇挑战，表现出社交障碍和沟通困难。情绪支持在帮助这些儿童理解和表达情感、识别社交信号方面发挥着至关重要的作用。通过情绪支持，孤独症儿童可以学习如何更有效地与他人交流，从而提高他们的社交技能和互动能力。例如，情绪支持可以帮助儿童识别和模拟面部表情、理解他人的情绪反应，以及在社交情境中做出适当的反应。这些技能的提升不仅能够减少社交隔离，还能提升孤独症儿童的社交参与度，使他们能够更好地融入社会。

2.2.2 促进心理健康

孤独症儿童往往有情绪和行为问题，如焦虑、抑郁和自我伤害行为，这些问题严重影响了他们的心理健康和生活质量。情绪支持为这些儿童提供了识别、表达和管理自己情绪的工具和策略，有助于减少负面情绪对他们的影响。通过情绪支持，孤独症儿童可以学习如何以健康的方式应对压力和挑战，从而降低心理健康问题出现的风险。此外，情绪支持还可以帮助孤独症儿童建立自尊和自信，这对于提升他们的整体心理健康水平和幸福感至关重要。

2.2.3 提高学习能力

情绪状态对孤独症儿童的学习能力有着直接的影响。情绪支持可以帮助这些儿童更好地管理压力和焦虑，从而提高他们的学习动机和参与度。当孤独症儿童能够更有效地调节自己的情绪时，他们更有可能在课堂上保持专注，积极参与学习活动。情绪支持还可以帮助儿童培养问题解决技能，找到更好的应对策略，这对于他们学习能力的提高和认知的发展至关重要。通过提供情绪支持，教育者可以为孤独症儿童创造一个更加具有支持性的学习环境，帮助他们发挥最大的学习潜力。

2.2.4 改善家庭环境

孤独症儿童的情绪障碍不仅影响儿童本身，还会给家庭带来压力。情绪支持可以帮助家庭成员更好地理解和响应儿童的情感需求，减少家庭冲突，减轻家庭压力。通过情绪支持，家庭成员可以学习如何有效地与孤独症儿童沟通，如何支持孤独症儿童，从而创造一个更加和谐和具有支持性的家庭环境。这种家庭环境对于孤独症儿童的情绪稳定和行为改善至关重要，也有助于减轻照顾者的情绪压力，提高整个家庭的生活质量。

2.2.5 促进早期干预

早期识别和干预对于改善孤独症儿童的长期预后至关重要。通过情绪支持，可以在早期识别儿童的情绪和行为问题，为干预提供指导。通过在早期提供情绪支持，可以及时对儿童的情绪障碍进行干预，减少这些问题对儿童发展的影响。早期的情绪支持还可以帮助儿童建立稳定的情绪调节机制，为他们的社交、沟通和学习能力的发展打下坚实的基础。因此，情绪支持在孤独症儿童的早期干预中起着至关重要的作用。

第 3 章　孤独症儿童智能化教育干预的理论基础

智能化教育干预作为一种结合了人工智能技术的教育方法，其核心在于利用先进的算法和数据分析来识别和响应孤独症儿童的个性化需求。这种方法的应用范畴广泛，从个性化学习路径的推荐到情感识别与响应系统的开发，智能化教育干预正在逐步改变特殊教育的面貌。

本章将首先定义智能化教育干预，并探讨其在孤独症儿童情绪支持中的应用范畴；其次深入讨论人工智能技术如何在情绪支持中发挥作用，包括如何通过机器学习和数据分析来识别孤独症儿童的情绪状态，并据此调整教育策略；最后本章将探讨音乐治疗与情绪调节机制的关系，特别是如何利用音乐治疗这种非药物干预手段，帮助孤独症儿童提升情绪调节能力。

3.1 智能化教育干预的定义与范畴

智能化教育干预指利用人工智能（AI）、机器学习、数据分析和其他先进技术手段，对教育过程进行智能化的分析、评估和优化，为孤独症儿童精准提供个性化的教学内容和学习体验。这种干预方式通过对学习者的行为、情感和认知状态进行实时监测与分析，能够为每位学习者提供量身定制的学习路径和内容，从而能满足其独特的学习需求。智能化教育干预不仅包括个性化学习资源的推荐和智能辅导系统的开发，还涉及情感识别、学习分析、智能评估等多种技术应用。其目标是通过数据驱动的决策支持，提升教育质量和效率，促进学习者的全面发展，最终实现教育公平。智能化教育干预可以减轻教师的工作负担，帮助教育管理者优化教育资源的配置和使用，推动教育改革与创新。

在孤独症儿童教育中，智能化教育干预展现出独特的应用优势，能够有效应对孤独症儿童在情绪、社交和学习方面的挑战。

首先，智能化教育干预能够提供个性化的学习体验。孤独症儿童的需求和能力存在显著差异，传统的"一刀切"教学方法往往无法满足他们的个体需求。通过智能化技术，教育者可以实时分析儿童的学习数据，制定个性化的学习计划和目标，从而帮助他们以最适合自己的方式学习和成长。

其次，情感识别技术的应用使教育者能够及时了解孤独症儿童的情绪状态。孤独症儿童在情绪表达和调节方面存在困难，智能化教育干预能够通过监测面部表情、声音和生理数据等多种方式实时监测儿童的情绪变化，并根据这些变化调整教学策略。这种灵活的应对方式不仅有助于提升儿童的情绪稳定性，还能增强他们的学习动机和参与感。

再次，智能化教育干预还能够创造虚拟社交环境，为孤独症儿童提供无压力的社交练习机会。通过虚拟现实（VR）和增强现实（AR）技术，儿童可以在模拟的社交场景中进行互动，提升社交技能。这种沉浸式的学习体验能够帮助他们逐步适应真实的社交环境，提升社交能力。

最后，智能化教育干预在数据分析和学习效果评估方面具有优势，使教育者能够及时调整干预策略。通过持续评估，教育者可以了解孤独症儿童的学习进展和情绪变化，及时发现问题并进行调整。这种基于数据的反馈机制不仅提高了干预的有效性，还为教育者提供了科学依据，帮助他们更好地支持孤独症儿童的成长与发展。

3.2 人工智能在孤独症儿童情绪支持中的作用

人工智能在孤独症儿童情绪支持中的作用是多方面的，它可以通过精准的情绪识别、个性化的干预、虚拟社交环境的创造、实时反馈的提供以及情绪预测模型的构建，为孤独症儿童的情绪健康和社会适应能力的提升提供强有力的技术支持。

第一，人工智能技术通过情感识别算法，能够分析孤独症儿童的行为和生理数据，如面部表情、语音语调、心率和皮肤电等，以识别其情绪状态。这种基于多模态数据的情绪识别方法，能够提高识别的准确性和可靠性，为孤独症儿童的情绪支持提供科学依据。例如，利用深度学习算法分析视频录像中的微表情，可以揭示孤独症儿童难以用言语表达的情绪变化[13]。

第二，人工智能在情绪支持中的作用还体现在个性化干预策略的制定上。借助机器学习技术，人工智能系统能够根据孤独症儿童的情绪反应模式和偏好，自动调整干预方案。例如，系统可以分析儿童对不同音乐刺激的反应，以推荐最适合其当前情绪状态的音乐治疗曲目。

第三，人工智能技术还能够创造虚拟社交环境，为孤独症儿童提供安全的情感表达和社交技能训练平台。孤独症儿童可以通过与虚拟角色的互动，练习情绪识别和社交互动技巧，从而减少在现实世界中与人互动的焦虑感和压力[26]。

第四，人工智能在提供实时反馈和长期情绪监测方面也显示出巨大潜力。通过可穿戴设备和移动应用，人工智能系统能够实时监测孤独症儿童的情绪变化，并及时反馈给教育者和治疗师，以便及时调整教学和治疗策略。

第五，人工智能技术在孤独症儿童情绪支持中的应用还包括预测模型的构建。通过分析历史情绪数据，人工智能可以预测孤独症儿童的情绪波动，为预防和管理情绪危机提供支持。

3.3 智能情绪教学代理与教育干预

人工智能情绪教学代理是一种融合了情感计算和教育技术的智能系统，旨在通过模拟人类教师的情感交流方式，为学习者提供个性化的教学反馈和情绪支持。这种代理通常以虚拟人物形象出现，能够识别学习者的情绪状态，并根据这些数据调整其教学策略和情感表达。人工智能情绪教学代理运用自然语言处理、计算机视觉和机器学习等技术，分析学习者的语音、面部表情、生理信号等，以实现对学习者情绪的实时监测和响应。它们能够提供认知反馈，如解答疑问、提供学习建议，同时给予情绪反馈，如鼓励和安慰，以激发学习者的积极情绪，增强学习动机，提升学习成效。这种教学代理的设计和应用，能够弥补传统教育中情感支持的不足，也能够为特殊教育领域提供新的解决方案，尤其在孤独症儿童的教育干预中显示出巨大潜力。

在孤独症儿童教育中，人工智能情绪教学代理的应用优势明显。首先，这些代理能够提供持续、一致且无偏见的情绪支持，这对于孤独症儿童来说尤为重要，因为他们可能对人类教师的情绪表达感到困惑或不适。人工智能代理的可预测性和稳定性有助于使孤独症儿童产生信任感，从而提高他们的学习参与度和动机。其次，情绪教学代理能够根据孤独症儿童的特定需求和反应，实时调整教学内容和情感表达方式，提供个性化的学习体验。这种个性化的方法有助于提高教学的有效性，尤其是在提升社交技能和情绪调节能力方面。再次，人工智能代理可以作为孤独症儿童社交互动的中介，通过模拟社交场景和提供反馈，帮助他们学习和练习社交互动技能。这种模拟社交的功能，对于改善孤独症儿童的社交障碍具有重要意义。最后，情绪教学代理还能够为教育工作者和家长提供数据支持，帮助他们更好地了解孤独症儿童的情绪状态和学习进展，从而制订更有效的教育计划。综上所述，人工智能情绪教学代理在孤独症儿童教育中的应用，不仅能够提供个性化和适应性强的教学支持，还能够促进孤独症儿童的社交和情感发展，具有独特的优势和潜力。

3.4 人工智能技术支持的音乐治疗与情绪调节机制

音乐治疗是一种利用音乐和其各种形式（如唱歌、演奏、创作等）来促进个体身心健康的临床干预手段。在孤独症儿童的情绪支持中，人工智能（AI）技术的应用为音乐治疗提供了新的视角和方法。AI技术可以通过分析孤独症儿童的生理和行为数据，如心率、皮肤电、面部表情等，实时监测其情绪状态，并据此自动调整音乐参数，如节奏、旋律和音量，以满足儿童的情绪需求。这种个性化的调整能够提高干预的精准度和效果，帮助孤独症儿童更好地理解和表达情绪，促进其情绪稳定和社交技能的发展。应用 AI 技术的音乐治疗平台能够根据儿童对不同音乐元素的反应，通过机器学习算法学习并提供个性化的音乐治疗方案，以促进孤独症儿童情绪稳定和社交技能的发展。此外，AI 技术还能够预测儿童对音乐治疗的反应，优化治疗计划，使音乐治疗更有效。

孤独症儿童的情绪调节机制涉及对情绪信息的识别、理解和反应过程。在情绪识别阶段，孤独症儿童可能会遇到困难，因为他们的感知力和注意力可能与常人不同，导致对情绪刺激的识别能力受限。在情绪理解阶段，孤独症儿童可能难以将识别的情绪信息与个人经验相联系，从而影响他们对情绪的深入理解。在情绪反应阶段，孤独症儿童可能会用不适当的方式表达情绪，如过度反应或缺乏反应，这可能与他们对情绪调节策略的掌握不足有关。情绪调节策略包括认知重评和情绪表达的抑制或增强，孤独症儿童可能需要额外的支持来发展这些技能。研究表明，音乐治疗可以作为一种有效的情绪调节工具，帮助孤独症儿童通过音乐活动来表达和调节情绪。音乐的韵律、旋律和节奏可以提供结构化的情绪体验，帮助孤独症儿童识别和模拟情绪，从而提高他们的情绪理解能力。通过参与音乐活动，孤独症儿童可以学习如何通过音乐来调节自己的情绪。例如，通过节奏的快慢来表达激动或平静的情绪。这种情绪调节机制的建立有助于孤独症儿童更好地适应社会环境，提高他们的社交技能和生活质量。

第4章　孤独症儿童智能化干预场景研究

4.1 智能化干预场景的应用现状

4.1.1 智能化干预场景的定义

智能化干预场景是一种结合了人工智能、虚拟现实（VR）、增强现实（AR）和多模态情感刺激的先进教育技术。它通过模拟真实世界的社交互动，提供了一个安全、可控且富有适应性的训练环境。在这个场景中，孤独症儿童能够以第一人称视角参与虚拟社交任务，这些任务通过卡通动画或互动游戏的形式呈现，以促进儿童的社交技能和情感表达能力的提升。

智能化干预场景的核心在于其自适应性，它能够根据孤独症儿童的实时反应和认知状态，动态调整任务的难度和内容，确保每个儿童都能在适合自己的水平上接受挑战和学习。此外，该场景还集成了智能情感引擎，通过分析儿童的外显行为和内隐状态，如面部表情、眼动、皮肤电和脑电数据，来实时监测和响应儿童的情绪变化，从而提供个性化的情感支持。

这种干预场景的设计考虑了孤独症儿童的特殊需求，如对细节的敏感度、对复杂社交情境的适应性以及对个性化学习路径的需求。通过这种技术驱动的个性化教育方法，智能化干预场景旨在提高孤独症儿童的社会互动能力，最终形成完整有效的干预闭环，促进孤独症儿童教育干预领域创新，为孤独症儿童的教育干预领域带来希望。

4.1.2 智能化干预场景的应用现状及存在的问题

孤独症儿童存在不同程度的生理、心理和认知障碍，他们对外界环境的感知存在困难。虚拟现实的仿真环境能够提供理想化的多元感知，具有极强的现场可控性，使教育干预的目的性和针对性更强。贝克勒（Bekele）等使用虚拟现实技术设计了一套孤独症儿童社会互动能力干预系统，通过追踪儿童在不同虚拟社交环境中的注视点轨迹，了解儿童在不同社会互动情境中的差异性行为，进行针对性干预[26]。孤独症儿童难以理解、控制、表达情感，学习迁移能力欠缺，增强现实技术将现实环境与虚拟对象相结合，便于学习者将在虚拟环境中掌握的知识迁移到现实环境中。孤独症儿童的抽象思维能力、认知理解能力不足，多媒体技术可以更加直观、形象地呈现多样化的知识，帮助孤独症儿童学习，符合孤独症儿童的学习特点。美国研究者拉奥（Rao）等使用多媒体软件提升孤独症儿童社交能力，发现使用多媒体软件能够有效提升孤独症儿童的交流频次[27]。大多数孤独症儿童抗拒与他人进行言语、非言语交流，但对智能机器人表现出极大兴趣。智能机器人能够为孤独症儿童提供各种各样的干预方案，提升孤独症儿童的社交、语言能力。贝维尔（Bevill）等研发了具有面部表情识别功能、语言交流功能、行为识别功能的智能机器人，该机器人可以为孤独症儿童设置模仿任务，让孤独症儿童通过参与任务，有效提升语言及社交互动能力[28]。为减轻孤独症儿童面对真实世界中人际交往的恐惧感，越来越多的自然人机交互方式被用于孤独症儿童的行为和社交干预训练。其中，基于Kinect的体感游戏能够提升儿童参与训练任务的积极性，能够达到良好的干预效果。

国内也出现了一些智能化干预场景的应用尝试，陈靓影等开发了一套计算机游戏，用于对孤独症儿童进行干预和能力评估，取得了较好的应用效果，目前已完成产品开发并推向市场[29]。国内也出现了将增强现实、虚拟现实等技术应用于孤独症教育干预中的研究。刘翠娟等对基于增强现实、虚拟现实技术的干预模型进行了理论分析与设计，为后期技术的应用提供了一定的参考与依据[30]。自2016年起，国内出现了基于体感技术、机器人技术的孤独症干预研究，但仅限于技术实现与干预活动设计，并未开展循证研究。

综上所述，大量国内外研究从不同层面证明了智能化干预场景在孤独症儿童干预训练中的可行性和有效性，但目前研究仍在干预内容针对性、习得技能持久性、干预结果有效性方面存在一些问题：第一，现有的基于技术的干预研究提供了大量的通用方法，但由于缺少对个体学习和认知状态的分析，难以根据个体特征，提供具有针对性的干预内容，而孤独症儿童个体差异大，通用的干预内容难以达到理想的干预效果；第二，常见的基于技术的干预研究多注重社交行为、认知能力的提升，忽视了已习得技能的迁移、泛化，导致习得技能难以维持；第三，目前大多数研究仅从技术层面提出可行的实现方案和应用场景，未建立科学的干预机制和对干预效果的有效性进行评价的机制。因此，针对现存方法的不足，应提出以孤独症儿童的个体差异为核心，分析儿童在学习或干预活动中的外显行为和内隐状态，建立满足不同个体需求的干预机制，并通过阿凡达（人脸重建）技术使虚拟世界与真实世界关联起来，促进孤独症儿童将已习得技能向真实生活迁移和泛化，并形成科学的干预机制和对干预效果有效性的评估方法，提高孤独症儿童社会互动能力，最终形成完整有效的干预闭环。

4.1.3 智能化干预场景的应用潜力与目标

智能化干预场景立足疾病病理和机制，针对孤独症儿童的核心缺陷，将真实人物形象融入虚拟干预场景，使孤独症儿童以第一人称视角参与虚拟干预任务，可以帮助孤独症儿童改善大脑镜像神经元功能障碍，有利于孤独症儿童技能习得与习得技能的维持和泛化，为孤独症儿童教育干预提供了新的思路。人工智能技术迅猛发展，各种智能传感设备的出现使对儿童能力进行量化成为可能。基于此，本书提出内隐状态和外显行为全评价的量化评估策略，对生理数据、认知数据、行为数据进行分析，保证评估的全面性；从数据表征到规则学习，再到分类模型建立，保证能力量化评估的可行性，为孤独症儿童认知和学习状态评估奠定理论与方法基础。

4.2 智能化干预场景的设计原理

4.2.1 融入真实人物形象的虚拟场景构建

镜像神经元是某些动物在执行某种行为以及观察其他个体执行同一行为时会发出类似响应的一类神经元。这类神经元"镜像"了其他个体的行为，使观看其他个体的行为就如同自己在执行 这一行为。碎镜理论认为，孤独症患者存在镜像神经元系统的功能损伤，导致其存在社会认知缺陷、社会交往和沟通障碍，影响其将已学习到的知识和技能迁移到其他学习或社交场景。因此，在干预场景的设置上，将真实人物与虚拟场景相结合，改变传统信息化干预工具主要采取第三人称（通过真人演员或虚拟卡通人物）呈现社交场景的方式，而使用第一人称的个性化虚拟社交场景，将真正的"我"、家庭成员、身边熟悉的朋友融入虚拟的社交情境，使孤独症儿童产生"原来'我'应该这样做"的刺激或心理暗示，使其在虚拟的社交场景中遇到了日常生活中的人、事、物，便于其将虚拟场景中习得的技能泛化到日常生活中，有利于习得技能的强化和维持。在虚拟场景中融入真实人物形象，需使用阿凡达技术，即通过真人 2D 照片重建 3D 人脸模型，然后将 3D 人脸模型与 3D 人物模型进行叠加和渲染，生成真实人物的 3D 卡通形象，最后将 3D 卡通形象插入到 Unity3D 编写的动画或互动游戏之中。现有 3D 人脸重建方法大多基于 PCA 线性模型。但基于 PCA 模型重建的 3D 人脸通常会趋近于平均人脸模型，难以刻画人物的个体特征。将这种重建的 3D 人脸嵌入干预材料后，孤独症儿童通常难以辨认出干预材料中的人物形象是他自己或其社交对象。为了得到形象逼真的 3D 人脸，采用分块重建策略，减少了局部人脸点云的维度，可以降低重建的难度，同时有利于刻画人物的五官细节，使重建后的人脸更为逼真。

基于儿童心理社会发展理论、社会学习理论和技术支持的有效教学设计 PWA 参考模型，构建虚拟干预场景。本书介绍的虚拟干预场景项目主要包括共同注意力、推理能力、视觉配对、精细动作、认知理解、概念分类六个模块。通过收集被试对象社交场景的 2D 照片，借助 Unity3D 场景建模、交互、渲染，进一步生成虚拟干预场景。融入了真实人物形象的虚拟干预场景下交互式干预游戏设计的缘由、技术路线、评估项目以及评估指标如表 4-1 所示。

本书设计的交互式干预游戏任务如表 4-2 所示。

表 4-1　融入真实人物形象的虚拟干预场景下交互式干预游戏设计

设计缘由	技术路线	评估项目
共同注意力指两个人对两个人之外的事物共同关注或注视，由于孤独症儿童的脑部发育迟缓，很容易注意力不集中，使孤独症儿童在日常学习、交流当中有着巨大的注意力障碍，因此设计一款让孤独症儿童去了解更多的外界事物，提高儿童的共同注意力的游戏是必要的	基于 Unity 引擎以及结合 PS、AN、VS、MySQL、Maya 等软件辅助开发出能提高孤独症儿童共同注意力的游戏、游戏包含拼图游戏、小球捉迷藏游戏、找食物游戏，每个游戏有四个模块，分别为关卡选择模块、胜利模块、失败模块、游戏结束模块。其中关卡选择模块表面每个游戏都有不同的关卡，游戏难度随着关卡提高而提高，对儿童的共同注意力的锻炼程度也会随之提高，最后结束模块要记录下用户每次结束游戏时到达的关卡，以便用户再次使用能读取游戏进度	共同注意
孤独症患儿的头部比同龄正常儿童略小，只会专注于某种游戏或玩具，甚至对相似物品都无法辨认和理解，推理能力严重不足，因此设计推理配对游戏，以有效提高孤独症儿童的推理配对能力	运用 Maya、PS、Unity、VS 等软件，实现有难度区分的系列相关物体推理配对游戏，包含开始模块、选择模块、游戏模块、游戏胜利模块、游戏失败模块、结束模块，游戏模式包括完全等同物体的配对、不完全等同物体的推理配对、对应影子的推理配对、整体和局部的推理配对，由简单到复杂、由易到难地逐步提升儿童的推理配对能力	心理推理

续表

设计缘由	技术路线	评估项目
孤独症儿童的注意广度非常狭小，注意细节是他们典型的特点，他们痴迷于自己感兴趣的事物，很难转移注意力，对其他事物缺少应有的兴趣，这影响了他们对情绪及社会关系等的理解。根据执行功能理论，设计视觉配对游戏，以有效提高孤独症儿童注意力与认知能力	运用 Maya、PS、AI、Unity、VS 等软件，通过游戏场景及角色的三维建模、UI 交互、算法设计，实现有难度区分的系列相关物体配对游戏，包括单物体配对游戏、多物体配对游戏、推理配对游戏，并要求记录、保存儿童游戏得分及完成时间	视觉配对
孤独症儿童由于脑部发育迟缓，大脑受到损伤，精细动作发展不良，手部力量协调性不足，手眼协调能力较差，严重影响他们的生活能力，因此设计孤独症儿童精细动作能力干预游戏，以丰富孤独症儿童对事物属性的感知和认知，提升其精细动作能力	该游戏利用 PS、Animate、AI、Maya、Unity、VS 等软件进行美工设计、三维建模、UI 交互设计，要求孤独症儿童以各种形式触摸游戏中随机出现的游戏元素，通过记录孤独症儿童与游戏元素交互的方式和交互时间来训练孤独症儿童的精细动作，随着游戏难度的增加，逐步提升孤独症儿童的精细动作能力	精细动作

续表

设计缘由	技术路线	评估项目
孤独症儿童的镜像神经元系统工作失常，导致患者在认知理解能力，诸如对物品数量的认知、对语音指令的理解等方面表现不一致，继而导致孤独症患者之间症状的多样性，因此设计一款游戏用于提高患者认知理解能力是有必要的	使用 Unity、Maya、PS、VS 等软件，实现开始模块、模式选择、胜利模块、失败模块、游戏结算模块。游戏模式分为两种，第一种是根据指令寻找目标游戏模式，系统发布语音指令（如物体颜色、形状、数字），儿童根据语音指令找到与之相对应的物品，第二种是表达数量概念游戏，系统发布语音指令，儿童根据指令找到指定数量的同种物品。可设置 5～10 题，儿童答对加一分，失败不加分，达到指定分数即可通关	认知理解
孤独症儿童概念分类能力较差，认知事物的时候往往只关注一个细节，而不是整体，如他们发现所有的狗的鼻子都是一样的，由此才确立了狗这种动物的概念，因此帮助孤独症儿童提高概念分类能力是有必要的，概念分类能力干预游戏也应运而生	使用 Unity、Maya、3d Max、PS、MySQL、VS 等软件实现开始模块、游戏模式的选择、难度的选择、胜利模块、失败模块、隐藏的彩蛋，其中游戏模式分为按类型寻找物品和把物品分类归放，难度分为易、中、难三个难度。每当儿童按要求完成任务时会进入胜利界面，并可进入下一关；反之，进入失败界面，此时可以选择重新进入游戏。当儿童通过游戏时，会出现彩蛋	概念分类

表 4-2　交互式干预游戏任务

游戏名称	游戏目的	游戏描述	评估项目	评估指标
推箱子	这个游戏（图 4-1）的目的是评估儿童的共同注意、注视跟踪和选择性注意能力。同时，该游戏还可评估儿童的概念理解（如识别水果、食物等）和社会交往能力（如遵守指令）	游戏通过引导儿童推箱子，让儿童学会集中注意力，观察事物，锻炼儿童注意力的集中度和稳定性，起到提高共同注意力的目的	共同注意	时间及得分
我爱推理配对	这个游戏（图 4-2）的主要目的是评估儿童的心理推理能力，还可用于测试儿童的认知能力、理解要求的能力以及面部表情识别能力	本游戏设置四种模式（相同物品的推理配对、相似物品的推理配对、物品影子的推理配对、整体与部分的推理配对），当儿童登录游戏后，可以通过选择不同模式来进入不同的游戏模式	心理推理	时间及得分
场景配对	这个游戏（图 4-3）的主要目的是评估儿童的视觉搜索和概念分类技能	游戏首先在三个场景中分别进行，通过画外音的引导进行游戏，指导儿童进行视觉配对，指出一件物体后物体进行边缘发光，然后下侧出现卡片让儿童进行配对，每配对成功一次得一分，给定时间为十五秒，配对失败或者超时不得分，最后游戏结束计算出得分，与最高分一起显示在游戏结束界面。最后记录每次游玩的分数，来显示儿童每次的成绩表现，并计算每个场景最高分，进行排名	视觉配对	时间及得分

续表

游戏名称	游戏目的	游戏描述	评估项目	评估指标
水果消消乐	这个游戏（图4-4）的主要目的是评估儿童精细动作技能和手眼协调能力	儿童通过交换相邻的水果使屏幕上存在三个相同且相邻的水果，然后消除这三水果。存在四个相同且相邻的水果时，消除这四个水果的同时，随机产生一个行或者列消除类型的水果。当行消除类型水果消除消除这一行，当列消除类型水果消除时消除这一列。存在五个相同且相邻的水果时，消除这五个水果的同时，产生一个消除同种类型的彩虹，彩虹与其他水果交换时消除屏幕上所有的同种类型的水果	精细动作	时间及得分
识别物体颜色与形状	这个游戏（图4-5）的主要目的是评估儿童识别形状、抽象思维和视力辨别能力	该游戏测试儿童将形状与日常生活中常见物体进行匹配的能力。虚拟角色上方"思想云"中可以有五种形状——长方形、正方形、三角形、圆形和椭圆形，儿童需要选择与"思想云"中的形状相匹配的物体。此外，物体的数量会随着难度水平的增加而增加	认知理解	时间及得分

游戏名称	游戏目的	游戏描述	评估项目	评估指标
趣味分类	该游戏（图4-6）的主要目的是评估性别概念识别、精细动作和手眼协调能力	游戏主要分为三个模式，第一个模式，进入游戏，界面上会出现两个角色，同时下面会有一个小方框，里面有两人中其中一人所需要的物品，儿童将物品移动到所需要的人下面。正确的话，会移动成功，播放成功的音效；错误的话，被移动的物品会回到原位，播放失败的音效。当所有的物品都成功移到所需的人下面后，会跳到选择关卡页面，已经过关的关卡和即将进入的新关卡图标会变成可点击状态 第二个模式，属于找不同。每一关里有三行物品，儿童需要排除每一行里面不同于其他的物品。如果找到与其他物品不同的物品，点击物品，物品就会消除，并播放成功的音效；如果找到的物品不正确，点击后物体没有发生变化，播放失败音效。关卡设置与上面雷同 第三个模式，属于物品归类。界面上方会出现类别不同的物品，下面有三个类别供其归类。如果归类正确，可成功拖动物品，物品会在上方消除，在下方生成，失败物品会返回原位	概念分类	时间及得分

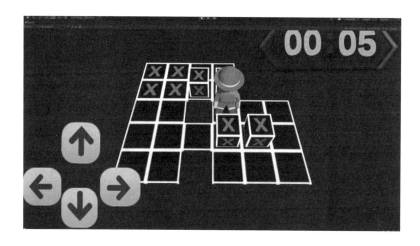

图 4-1　推箱子

图 4-2　我爱推理配对

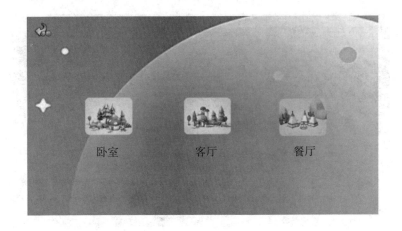

图 4-3　场景配对

图 4-4　水果消消乐

图 4-5　识别物体颜色与形状

图 4-6　趣味分类

4.2.2 基于儿童认知状态的自适应调整机制

弱中央统合说认为，孤独症个体的认知能力、对信息资源的加工处理能力有限，在认知过程中倾向于关注局部和细节信息，难以将局部和细节信息整合成有意义的整体，因此在孤独症儿童的教育干预过程中，很容易出现认知负荷过载的问题。认知负荷是影响干预效果的重要因素，直接决定着干预成效。认知负荷的测量通常使用两种方法：主观评价和任务绩效。主观评价指个体按照任务过程的感受体验对任务进行的自主判断，包括自主报告压力水平、学习材料难度等；任务绩效是客观直接的测量方法，指完成学习任务的成效。主观评价的测量方法对儿童能力要求较高，孤独症儿童难以完成；任务绩效测量属于干预后测，不能在干预过程中对认知负荷进行实时监控，无法对干预内容进行实时调整。

1. 干预内容自适应调整的数据准备

使用信息技术采集孤独症儿童在接受干预过程中的外显行为（如表情类型、眼动模式、人机交互数据等）和内隐状态（如皮肤电数据、脑电数据等）自动化地检测孤独症儿童认知负荷，根据认知负荷实时检测数据调整干预内容，可以实现对孤独症儿童的个性化干预，实质性提升个体干预效果。

研究使用三层神经网络构建认知负荷自动检测模型，包括一个输入层、一个隐含层和一个输出层。在输入层中，神经元的个数是输入特征的长度，将表情特征、眼动特征、皮肤电特征和脑电特征进行串联，作为神经网络的输入。在隐含层进行特征的抽象，探索能够更好进行类别划分的数据表示方法。在神经网络中，隐含层的数量并不是越多越好，过于复杂的模型容易导致性能的退化。本书在研究中所用样本量不大，隐含的数据模式相对简单，隐含层数量不宜过多。输出层中的神经元数目是认知负荷水平的等级数，本书使用任务特征（任务复杂性）度量真实的认知负荷高低，任务复杂性包括低、中、高三个水平，对应的认知负荷等级数为3，输出层中的神经元数目也为3。根据上述认知负荷自动检测模型，可以实时监测孤独症儿童认知负荷水平，当监测到儿童处于低认知负荷等级时，则将干预内容提升一个难度等级；当监测到儿童处于高认知负荷等级时，则降低干预内容难度，最终实现对干预内容的自动调整。

2. 自适应调整系统的框架描述

儿童干预内容自适应调整过程如图 4-7 所示。在图 4-7 中，干预项目 i-1、干预项目 i、干预项目 i+1 的任务难度等级依次递增，对儿童的认知负荷要求也越来越高。具体调整流程描述如下：

第一步：选择任务难度等级中等的项目 i 对儿童进行能力干预，在干预过程中进行自适应能力测试。通过自适应能力测试得到当前儿童认知负荷与干预项目任务难度匹配 / 不匹配（过高或较低）的测试结果。如果相匹配，跳转至第 2 步；如果儿童认知负荷过高，跳转至第 4 步；如果儿童认知负荷较低，则跳转至第 3 步。

第二步：继续执行项目 i。在这个过程中，儿童与干预内容和干预环境进行交互，系统实时分析儿童各种外显行为数据和内隐状态数据，监控儿童学习状态，以便遇到困难时能及时提供帮助和反馈。如果儿童顺利完成干预项目所提出的任务，跳转至第 6 步；如果儿童任务完成得不顺利，则跳转至第 5 步。

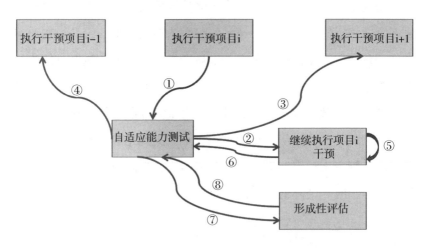

图 4-7　干预内容自适应调整

第三步：该环节表示儿童已经具备了干预项目 i 所对应能力要求，可根据自适应能力测试结果进入下一难度等级的干预项目 i+1，并继续在干预项目 i+1 里监控儿童的学习活动。

第四步：该环节表示现阶段儿童的能力没有达到干预项目 i 所对应的能力要求，应根据自适应能力测试结果进入难度等级较低的干预项目 i-1，并继续在干预项目 i-1 里监控儿童的学习活动。

第五步：本环节通过教育数据挖掘和学习情况分析，干预儿童学习过程。自主学习需要学习者具有高度的学习意识，他们可以对自己的学习负责并管理自己的学习过程，然而孤独症儿童通常缺乏这样的自主学习能力，他们需要持续的教育干预来帮助自己学习。基于学习分析的干预通过数据了解学习者，改善学习环境，以确保他们能够更有效地与内容互动，更好地学习主题。

第六步：儿童顺利完成项目 i 的干预任务或经过基于学习分析的干预后，将其执行结果数据和过程数据送回自适应能力测试系统，再次经过自适应能力测试系统的评估，以得到其认知负荷与干预项目任务难度匹配 / 不匹配（过高或较低）的测试结果。

第七步：如果儿童在自适应能力测试系统中仍然被认为能力不足，那么就跳转至形成性评估继续学习。前期儿童虽然与学习内容有互动，但尚未达到相关的能力要求，应进一步与教学评估活动互动，丰富学习内容。智能辅导系统本质上是支持学习者的系统，目的是帮助学习者解决他们无法解决的问题。通过这种支持，儿童通常会得到提示，以控制或约束他们的学习行为，优化他们解决问题的策略。

第八步：儿童经过智能辅导系统的帮助后，其学习结果数据和过程数据会被送回自适应能力测试系统，再次经过自适应能力测试系统的评估，以得到其认知负荷与干预项目任务难度匹配 / 不匹配（过高或较低）的测试结果。

3. 自适应能力测试方法介绍

自适应能力测试允许用更少的数据获得更一致和最优的结果，并在儿童能力评估结果上产生二分类结果（匹配 / 不匹配）。基于

AMT 的自适应能力测试建模过程结合了最大似然估计和 BKT 符号的假设检验，具体过程如下所示。

$H_0: L = L_0$（能力匹配）。

$H_1: L = L_1$（能力不匹配）。

$$Likelihood(Q_1, Q_2, \cdots Q_K | L_0, L_1) = \frac{P(Q_1 = 1 | L_1)P(Q_2 = 1 | L_1)\cdots P(Q_K = 1 | L_1)}{P(Q_1 = 1 | L_0)P(Q_2 = 1 | L_0)\cdots P(Q_K = 1 | L_0)}$$

只要产生的值在 $(1-\beta)/\alpha$ 和 $\beta/(1-\alpha)$ 之间，这个似然函数就会继续存在。其中 α 表示类型 I 错误 [P（当 H_0 为真时选择 H_1）]，β 表示类型 II 错误 [P（当 H_1 为真时选择 H_0）]。如果似然函数比 $(1-\beta)/\alpha$ 更显著，则判定为 $P(L) = 1$（能力不匹配）。如果似然函数小于 $\beta/(1-\alpha)$，则判定为 $P(L) = 0$（能力匹配）。

自适应能力测试使用基于阈值的分类方法测试儿童的认知负荷状态。具体分类方法描述如下：

$P_{ji}(x_j = 1 | \theta_{i+})$：表示儿童认知能力与干预项目 i 相匹配时，顺利完成第 j 个任务的概率。

$P_{ji}(x_j = 1 | \theta_{i-})$：表示儿童认知能力与干预项目 i 不匹配时，顺利完成第 j 个任务的概率。

式中 x_j 表示顺利完成第 j 个任务（$x_j = 1$）或没有顺利完成第 j 个任务（$x_j = 0$）；同时，θ_{i+} 和 θ_{i-} 分别表示儿童认知能力与干预项目 i 相匹配或不匹配。因此，根据二项分布原理，一个新任务出现的概率为

$$P(x_i | \theta) = p_i^{x_i}(1 - p_i)^{1-x_i} \tag{4-1}$$

k 个任务相独立假设下的联合概率为

$$(x_1, x_2, x_3, \ldots x_k \mid \theta) = (x_1 \mid \theta)(x_2 \mid \theta)(x_3 \mid \theta)\ldots(x_k \mid \theta) \qquad (4-2)$$

$$p(x_1, x_2, x_3, \ldots x_k \mid \theta) = \prod_{j=1}^{k} kp(x_j)^{x_j}((1-(p_{x_j}))^{1-x_j}) \qquad (4-3)$$

其中式（4-3）也称为似然函数。据此，对能力匹配儿童和能力不匹配儿童进行比例化，得到似然比函数。

$$LR = \frac{p(x_1, x_2, x_3, \ldots x_k \mid \theta_-)}{p(x_1, x_2, x_3, \ldots x_k \mid \theta_+)} = \frac{\prod\limits_{i=1}^{k} P(x_i \mid \theta_-)^{x_i}(1-p(X_I \mid \theta_-)^{1-x_i})}{\prod\limits_{i=1}^{k} P(x_i \mid \theta_+)^{x_i}(1-p(X_I \mid \theta_+)^{1-x_i})} \qquad (4-4)$$

利用 I 型和 II 型误差关系，对似然比检验的决策过程设计假设检验。

$$H_0 : \theta = \theta_+$$

$$H_1 : \theta = \theta_-$$

H_0 代表儿童的认知负荷能力与干预项目相匹配；H_1 代表儿童的认知负荷能力与干预项目不匹配。

α：I 型误差；认知负荷能力与干预项目相匹配的儿童没有顺利完成任务的概率。

β：II 型错误；认知负荷能力与干预项目不匹配的儿童没有顺利完成任务的概率。

如果 If(LR) $\geq$ Log$\dfrac{1-\beta}{\alpha}$，H_1 被接受；如果 Log(LR) $\geq \dfrac{\beta}{1-\alpha}$，$H_0$ 被接受；如果出现这些值以外的值，说明仍然存在不确定性，测试继续进行下一个任务。

4.3 干预场景的教育内容与活动

4.3.1 用于提升社交技能的学习活动设计

在孤独症儿童的智能化教育干预中，采用融入真实人物形象的虚拟干预场景，可以提供一个高度个性化的模拟现实社交环境的学习平台。通过将孤独症儿童及其社交圈人物的 2D 照片转变为 3D 虚拟形象，可以构建一个虚拟世界，其中包含个性化的故事体验、情绪镜子游戏、家庭互动模拟、虚拟社交圈、角色扮演剧场、合作任务挑战以及社交反馈系统等多元化学习活动（表 4-3）。这些活动不仅可以模拟现实生活中的社交情境，还可以通过卡通动画和互动游戏的形式，使学习过程更加吸引儿童的注意力，提高他们的参与度和学习动机。在个性化故事体验中，儿童通过与自己和家人的虚拟形象互动，学习社交叙事和情感分享；情绪镜子游戏让儿童通过模仿虚拟镜子中的表情来学习情绪识别和自我情绪调节；家庭互动模拟和虚拟社交圈提供了日常社交礼仪和网络社交技能的练习场景；角色扮演剧场和合作任务挑战可以通过角色扮演和团队合作，提高了儿童的社交角色理解和团队协作能力；社交反馈系统能够实时提供关于儿童社交行为的反馈，帮助他们学习如何根据社交情境调整自己的行为。这种融入真实人物形象的虚拟干预场景，不但为孤独症儿童提供了一个安全的学习环境，而且通过模拟真实社交情境中的学习活动，可以有效地提升他们的社交技能和情绪调节能力。

表4-3　社交技能的学习活动设计

社交技能学习活动名称	活动设计	活动目标
个性化故事体验	利用儿童及其家人的 2D 照片，创建个性化的虚拟故事角色。故事中包含社交场景，如生日派对或学校活动	通过与个人经历相关的故事情节，提高儿童对社交情境的理解度和参与度
情绪镜子游戏	开发一个虚拟镜子游戏，其中儿童的 3D 虚拟形象能够实时模仿他们的表情	通过模仿和识别自己的表情，学习情绪识别和自我调节
家庭互动模拟	在虚拟环境中模拟家庭日常互动场景，如餐桌对话或家庭游戏，家庭成员的虚拟形象用家庭成员的真实照片创建	练习家庭社交礼仪，学习如何在家庭环境中与他人互动

社交技能学习 活动名称	活动设计	活动目标
虚拟社交圈	创建一个虚拟社交平台，儿童可以与由真实照片创建的虚拟朋友进行互动	通过虚拟社交网络，练习在线社交技能，如发送消息和分享感受
角色扮演剧场	在虚拟环境中设计不同社交场景，让儿童扮演不同角色，如医生、教师或商店职员，使用儿童和社交对象的真实形象	通过角色扮演，了解不同社交角色的行为和语言
合作任务挑战	设计需要团队合作的虚拟任务，如建造虚拟校园或组织虚拟活动，使用儿童的真实形象进行模拟	在合作中学习团队精神和社交沟通技能，同时提高解决问题的能力
社交反馈 实验室	在虚拟环境中集成智能反馈系统，对儿童的社交行为给予即时反馈，使用儿童的真实形象进行模拟	提高对社交反馈的敏感度，学习如何根据反馈调整社交行为

4.3.2 认知负荷与个性化学习路径

在孤独症儿童的教育干预中，采用融入真实人物形象的虚拟干预场景，结合智能化手段，可以设计一系列具有创新性的学习活动，通过对儿童认知负荷的管理实现个性化学习。这些活动包括认知负荷评估游戏、自适应性学习平台、情绪识别与调节训练、社交技能模拟练习、个性化学习路径规划、反馈与自我调节训练（表4-4）。这些活动考虑到孤独症儿童在认知过程中对局部和细节信息的关注，通过智能传感设备和神经网络模型，实现了对儿童认知负荷的实时监控和个性化干预内容的动态调整，能够实质性提升孤独症儿童的社交技能和情绪调节能力，同时避免认知过载，确保干预的有效性和个体化。

表4-4 认知负荷与个性化学习路径

认知负荷与个性化学习路径	活动设计	活动目标
认知负荷评估游戏	开发一个互动游戏，通过一系列任务来评估儿童的认知负荷。游戏应包含不同难度级别，以适应不同认知能力水平的儿童	通过游戏过程中的行为和生理反应（如表情、眼动、皮肤电反应）来评估儿童的认知负荷
自适应性学习模块	创建一个学习模块，它能够根据儿童在认知负荷评估游戏中的表现，自动调整后续学习内容的难度	确保儿童在适当的挑战水平上学习，避免认知过载，同时提供足够的刺激，以促进学习

续表

认知负荷与个性化学习路径	活动设计	活动目标
情绪识别与调节训练	利用虚拟现实技术，让儿童在虚拟的社交场景中练习情绪识别和调节。系统能够根据儿童的反应调整场景的复杂性	提高儿童对情绪的识别能力，教会他们如何通过不同的策略来调节自己的情绪
社交技能模拟练习	通过模拟日常社交互动，如问候、分享和轮流交谈，让儿童在虚拟环境中练习社交技能。社交互动的难度可以根据儿童的认知负荷水平进行调整	增强儿童的社交技能，包括发起对话、维持互动的能力和社交礼仪
个性化学习路径规划	根据儿童在认知负荷评估游戏中的表现，使用神经网络模型来规划个性化的学习路径。路径应包含不同的认知挑战和技能练习	为每个儿童提供定制化的学习体验，确保学习内容与他们的认知负荷相匹配，促进有效学习
反馈与自我调节训练	教授儿童如何使用智能设备（如可穿戴设备）的反馈来调节自己的行为和情绪。例如，通过观察设备反馈来学习深呼吸或放松技巧	教会儿童自我监控和调节技巧，以管理他们的情绪和行为

4.4 智能化干预场景的干预过程

在孤独症儿童的智能化教育干预中，将智能情感引擎融入交互式学习活动是一个创新的研究方向。首先依据孤独症儿童发展领域的心理机能理论，本书设计了系列化的针对社交能力提升的干预目标与活动。这些目标与活动旨在促进孤独症儿童的社交互动、情感表达和认知理解能力。通过采集参与者的 2D 照片以及各种社交场景的 2D 图像，结合先进的 3D 建模和重建技术，创建融入真实人物形象的虚拟干预场景。这些场景在 Unity 游戏引擎中构建，模拟真实的社交情境，为孤独症儿童提供了安全且可控的环境，使他们能够在没有现实世界社交压力的情况下练习社交技能。虚拟干预场景集成了多种学习活动，这些活动以卡通动画或互动游戏的形式呈现，旨在吸引孤独症儿童的注意力并促进他们的参与。每个活动都被设计用来训练特定的社交技能，如共同注意、情感识别、轮流交谈等。实施干预时，通过 3D 人脸重建技术，将孤独症儿童及其社交对象的照片转化为虚拟形象，这些形象被融入 Unity 虚拟场景，使儿童能够在虚拟环境中与熟悉的人进行互动，增强了干预的个性化和吸引力。在干预过程中，采集儿童执行干预任务时的外显行为数据（如表情、动作）和内隐状态数据（如皮肤电、脑电波）。利用特征融合算法和基于神经网络的认知负荷自动检测模型，研究者能够识别儿童当前的认知负荷状态。这一信息对于实时调整干预任务的难度至关重要，可以确保任务既具有挑战性，又不会超过儿童的处理能力。研究者对干预结果的有效性进行了纵向追踪研究。通过比较实验组（使用个性化教育干预方法的孤独症儿童）和对照组（使用传统干预方法的儿童）的表现，研究者能够评估智能化干预场景的实际效果。这种比较不仅包括宏观的评价，如社交技能的整体提升，还包括微观的评价，如特定社交行为的改善。通过这种全面的评价方法，验证本书提出的智能化干预场景的有效性，并为孤独症儿童的教育干预提供新的视角和工具。智能化干预场景的干预过程如图 4-8 所示。

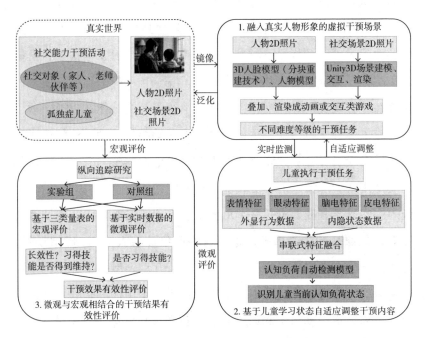

图 4-8　智能化干预场景的干预过程

4.5 智能化干预场景的应用效果评估

4.5.1 智能化干预场景应用效果的定量分析

为评价智能化干预场景在社交技能、情绪调节和认知能力等方面的使用效果，可以使用如下量化方法对智能化干预场景的应用效果进行量化分析。

（1）通过比较孤独症儿童在应用智能化干预场景前后的标准化测试成绩，如社交技能评估量表、情绪调节能力测试和认知功能测试，可以对孤独症儿童的学习进步情况进行量化评估。儿童在社交技能评估中的得分提高了15%，这表明智能化干预场景在提升社交互动能力方面是有效的。

（2）通过记录儿童与智能化干预场景互动的频率和持续时间，可以评估儿童参与度和兴趣水平。儿童与虚拟场景的互动时间从平均10分钟增加到16分钟，这表明儿童对学习活动的兴趣增加了。

（3）通过分析儿童在智能化干预场景中的生理反应，如皮肤电反应和脑电波，可以对其情绪状态的变化进行量化评估。例如，某儿童在积极情绪反馈期间皮肤电反应的稳定性提高了20%，这表明智能化干预场景在情绪支持方面是有效的。

（4）通过比较实验组（使用智能化干预场景的孤独症儿童）和对照组（使用传统干预方法的孤独症儿童）的认知成绩，可以对教学代理对学习成效的影响进行量化评估。

4.5.2 智能化干预场景应用效果的定性分析

本书通过观察和访谈来评估智能化干预场景的使用效果，具体如下：

（1）通过观察儿童与虚拟环境的互动，可以看到儿童在模拟社交情境中的参与度和情绪反应的准确性有了明显提升。儿童在使用融入真实人物形象的虚拟场景后，出现更多的社交模仿行为，情绪反应更准确。这些行为的改善表明智能化干预场景能够有效促进孤独症儿童的社交技能和情绪识别能力。

（2）家长和教师的反馈进一步证实了智能化干预场景的积极影响。儿童在使用智能化干预场景后，不但在情绪表达上更加丰富和恰当，而且在日常生活中的社交互动有所增加。儿童在干预过程中表现出更高的参与度和兴趣，这反映了智能化干预场景在吸引孤独症儿童注意力和维持其动机方面的有效性。

（3）长期跟踪研究能揭示智能化干预场景对孤独症儿童自我效能感的积极作用。儿童在成功完成虚拟任务后，自信心和独立性得到增强，这在他们的学习和社交能力发展中起到了关键作用。

通过定性分析可知，智能化干预场景在提升孤独症儿童的社交和情绪感知、表达能力方面有着重要作用，在促进儿童整体发展方面也具有深远的影响。

4.6 智能化干预场景的优化策略

4.6.1 个性化学习路径与策略实时调整

智能化干预场景的理想目标是能够根据孤独症儿童的个性化需求和实时反馈进行策略调整。优化策略首先聚焦个性化学习路径的设计，这要求系统能够根据每个儿童的认知能力、学习风格和情绪状态定制学习内容和进度。通过深度学习算法，系统分析儿童的互动数据，识别其学习偏好和难点，自动调整教学材料的难度和复杂性。其次，注重对儿童情绪状态的监测，可以利用眼动追踪和生理信号监测技术，实时捕捉儿童的情绪变化，如焦虑或放松，并据此调整教学策略。当检测到儿童焦虑时提供更多的情感支持或暂停当前任务，让儿童开展更适宜的活动。

4.6.2 多模态情感刺激与沉浸式体验的融合

智能化干预场景的另一个优化方向是增强多模态情感刺激和沉浸式体验。这要求干预场景不仅要在视觉上吸引儿童，还要通过声音、触觉甚至嗅觉等多维度的刺激，为儿童带来丰富的情感体验。例如，通过虚拟现实技术，儿童可以置身于模拟的自然环境中，与虚拟角色进行互动。这种沉浸式体验有助于提高儿童的参与度和学习效果。同时，多模态情感刺激可以通过模拟真实社交场景，让儿童在安全的环境中练习社交技能。优化策略还包括对这些技术进行个性化调整，以适应不同儿童的感官敏感度和偏好，确保每个儿童都能以最适合自己的方式接收和处理信息，从而提高干预的有效性。

智能化干预场景的优化，需要跨学科合作，需运用人工智能、教育学、心理学和神经科学等领域的专业知识。通过优化，智能化干预场景能够更好地在孤独症儿童的教育和康复过程中发挥作用，能帮助儿童提高社交技能、情绪调节能力和学习能力，最终促进他们的全面发展。

4.7 干预场景有效性实证分析

通过对实验组和对照组儿童得分的统计分析，可以对干预结果的有效性进行评估。

4.7.1 研究对象

研究对象分为实验组和对照组，共有 91 名 2 ～ 6 岁儿童参与试验，参与试验的孩子的家长均签署了知情同意书。其中，实验组包含 40 名孤独症（ASD）的儿童（M=4.5 岁，SD=11 个月），其来自武汉某康复教育机构；对照组包括 51 名典型发展（typical developing children, TD）儿童（M=4.7 岁，SD=11 个月），其来自武汉某一市区幼儿园。所有参与者的视力均正常或矫正后正常，没有其他感官或者运动障碍，单一智力残疾儿童被排除在外，无法听从简单指令的儿童也被排除在外。

在招募孤独症儿童时要求其由心理学家或者临床医生根据 DSM-5 评估手册、父母访谈、儿童行为观察与专业量表对其进行诊断，并确诊为 ASD。在招募典型发展儿童，要求符合以下要求：①性别和年龄与 ASD 儿童相匹配；②由临床医生进行详细的身体和精神检查，排除身体疾病、精神发育迟滞、其他发育障碍或学习障碍；③视力发展正常。关于研究对象的基本信息如表4-5所示。

表4-5 实验组与对照组被试基本信息

组别	ASD（N=40）			TD（N=51）		
年龄范围	3～4岁	4～5岁	5～6岁	3～4岁	4～5岁	5～6岁
N	20	11	9	21	15	15
M	3.42	4.24	5.30	3.75	4.26	5.53
SD	0.38	0.32	0.27	0.27	0.22	0.36

注：N为人数，M为年龄均值，SD为标准差。

4.7.2 实施及操作程序

该研究在孤独症康复教育机构和幼儿园进行，以探讨智能化干预场景对ASD和TD儿童在社会性发展、运动以及认知技能方面的干预效果。测试在一个大约16平方米的安静房间中进行，保证ASD组和TD组儿童可以在不受干扰的情况下，通过触屏电脑或者 IPAD 使用智能化干预场景。

干预场景评估测试分为三个阶段：

（1）准备阶段：在研究人员和研究被试之间建立信任关系，并解释如何使用应用程序。在这个阶段，让儿童熟悉游戏，而不要求或者提示儿童做任何事情。

（2）测试阶段：被试儿童逐一完成评估游戏，并得到必要的指示和指导，其中详细记录了评估过程和每个儿童的表现。

（3）分析阶段：利用 SPSS25.0 和 Excel 对文本记录材料和测试数据进行整理和分析。

4.7.3 描述性分析

TD 组和 ASD 组儿童在干预场景内任务的完成率如表 4-6 所示。完成率指完成任务的人数与总人数的比率。通过描述性统计，发现 TD 组儿童的完成率高于 ASD 组儿童。TD 组 4 岁以下儿童完成率为 91.31%，4 ～ 6 岁儿童完成率为 93.54%；ASD 组 4 岁以下儿童的完成率为 89.16%，4 ～ 6 岁儿童的完成率为 79.17%（在一些必要的帮助下）。由此可知，在一定程度上，研究中使用的智能化干预场景是有效的。但是，与孤独症儿童完成的其他任务相比，推箱子任务的完成率较低，这反映了孤独症儿童的核心症状（如共同注意缺陷）。

表4-6 ASD组和TD组儿童在智能化场景中干预任务的完成率

| 游戏 | ASD组 | | | | | | TD组 | | | | | |
| | 年龄≤4岁 | | | 年龄>4岁 | | | 年龄≤4岁 | | | 年龄>4岁 | | |
	参与人数（人）	完成评估人数（人）	完成率（%）	参与人数（人）	完成评估人数（人）	完成率（%）	参与人数（人）	完成评估人数（人）	完成率（%）	参与人数（人）	完成评估人数（人）	完成率（%）
推箱子	20	13	65	20	7	35	21	19	90	30	28	93
我爱推理配对	20	18	90	20	16	80	21	21	100	30	28	93
场景配对	20	20	100	20	20	100	21	20	95	30	29	97
水果消消乐	20	20	100	20	20	100	21	15	71	30	21	70
识别物体颜色与形状	20	18	90	20	15	75	21	19	90	30	29	97
趣味分类	20	18	90	20	15	75	21	20	95	30	27	90

游戏	ASD组						TD组					
	年龄≤4岁			年龄>4岁			年龄≤4岁			年龄>4岁		
	参与人数（人）	完成评估人数（人）	完成率（%）	参与人数（人）	完成评估人数（人）	完成率（%）	参与人数（人）	完成评估人数（人）	完成率（%）	参与人数（人）	完成评估人数（人）	完成率（%）
完成率	89.16%			79.17%			91.31%			93.54%		

4.7.4 干预游戏评估效果分析

实验组与对照组在智能化干预场景中完成任务的效率值和标准差如表4-7所示。实验主要关注两个方面的差异：①效率，即完成任务的平均得分与所花费平均时间的比值；②平均得分或者所花费平均时间的标准差，数值越大，表明个体之间的差异越大。从表4-7可知，TD组儿童的效率高于ASD组的儿童。此外，ASD组儿童在水果消消乐游戏中表现良好（效率值=0.312），其效率高于其他干预任务。以评估项目"共同注意"模块为例，对于推箱子游戏的结果，相比于TD组儿童而言，ASD组的儿童眼神不能跟着虚拟人物视线方向来回转换。其中，儿童年龄 ≤ 4 岁的，效率值为 0.089，儿童年龄 >4 岁的，效率值为 0.104。此外，ASD 儿童在推箱子任务方面所花费的时间要高于 TD 组儿童。儿童的表现与他们的年龄成正比，TD 组儿童表现出正常的注视方向。根据任务中的虚拟人物，他们可以以最快的速度把箱子推到正确的位置。

表 4-7　完成任务的效率值与标准差

评估项目	游戏名称	维度	ASD组		TD组	
			年龄≤4岁	年龄>4岁	年龄≤4岁	年龄>4岁
共同注意	推箱子	效率值	（0.089）8/90	（0.104）8/77	（0.119）8/67	（0.145）8/55
		标准差	31.529	32.13	26.1	30.19
心理推理	我爱推理配对	效率值	（0.072）2.98/41.3	（0.084）3.39/40.2	（0.102）3.98/38.9	（0.127）3.96/31.2
		标准差	1.68	1.137	0.88	1.234
视觉配对	场景配对	效率值	（0.070）5.25/75.2	（0.089）6.25/70.2	（0.169）8.15/48.2	（0.190）7.68/40.4
		标准差	3.133	2.673	1.403	1.339

续表

评估项目	游戏名称	维度	ASD组		TD组	
			年龄≤4岁	年龄＞4岁	年龄≤4岁	年龄＞4岁
精细动作	水果消消乐	效率值	（0.298）17.9/60	（0.312）18.7/60	（0.315）18.9/60	（0.332）19.9/60
		标准差	4.737	4.136	3.89	4.056
认知理解	识别物体颜色与形状	效率值	（0.060）4.25/71.1	（0.101）6.83/67.3	（0.081）6.12/75.4	（0.141）7.3/51.9
		标准差	4.27	1.618	2.53	2.538
概念分类	趣味分类	效率值	（0.064）6.58/103.5	（0.074）9.04/141.8	（0.166）12.4/74.9	（0.187）13.11/70
		标准差	3.152	3.023	0.87	1.718

4.7.5 干预任务完成情况在组间的差异分析

本书通过对干预任务评估效果的效率值做独立样本 t 检验，探讨干预任务在 ASD 组和 TD 组儿童之间的效果是否存在显著差异。

由独立样本 t 检验得到的 p 值和效应量（effect size）能够较为清晰地说明差异是否显著。

本书进一步对 ASD 组和 TD 组儿童在不同年龄组（年龄 ≤ 4岁与年龄 >4 岁儿童）干预任务评估效果进行差异分析。结果表明，在不同干预任务上，对于 ASD 组和 TD 组儿童效率值的 t 检验结果表明，大部分达到了统计学意义上的显著差异。如表 4-8 所示为 ASD 和 TD 组儿童（年龄 ≤ 4 岁）效率值的差异分析结果。由表 4-8 可以看出，在一些干预任务中，如场景配对游戏（t=3.545、p=0.003<0.05，Effect size=0.514）、水果消消乐游戏（t=3.698，p=0.001 < 0.01, Effect size=0.535），ASD 组和 TD 组儿童的效率值存在显著差异；在其他四组干预任务中，ASD 组和 TD 组儿童（年龄 ≤ 4 岁）的效率值不存在统计学显著差异，p 值均大于 0.05。但是由表 4-8 可知，TD 组儿童的表现要优于 ASD 组儿童。这可能是因为完成这个任务的参与人数相对较少，或者是因为完成这个任务对幼儿来说有点困难。

表 4-8 　ASD 组和 TD 组儿童（年龄 ≤ 4 岁）效率值的差异分析

游戏名称	效率值（ASD组）	效率值（TD组）	方差同质性检验（Levene's test）		t检验			
			F	Sig.	Mean Difference	t	P-value	Effect Size
推箱子	0.089	0.119	0.079	0.656	0.03	1.878	0.068	0.245

续表

游戏名称	效率值（ASD组）	效率值（TD组）	方差同质性检验（Levene's test）		t检验			
			F	Sig.	Mean Difference	t	P-value	Effect Size
我爱推理配对	0.072	0.102	0.688	0.545	0.03	1.234	0.314	0.136
场景配对	0.070	0.169	0.039	0.435	0.099	3.545	0.003**	0.514
水果消消乐	0.298	0.315	0.658	0.620	0.034	3.698	0.001**	0.535
识别物体颜色与形状	0.060	0.081	6.542	0.038	0.021	1.789	0.071	0.208
趣味分类	0.064	0.166	2.154	0.238	0.102	1.656	0.091	0.789

注：$* p < 0.05$，$** p < 0.01$，$*** p < 0.001$。

如表 4-9 所示为 ASD 和 TD 组儿童（年龄 >4 岁）效率值的差异分析结果。从表 4-9 中可以清楚地看到，ASD 和 TD 组儿童（年龄 >4 岁）效率值存在一些差异。在识别物体颜色与形状（$t=$

2.656，p =0.012 <0.05，Effect size=0.501）、趣味分类游戏（t= 6.156，p =0.001 ≤ 0.001，Effect size=0.688）中存在显著性差异；在推箱子（t=1.342，p=0.105>0.05，Effect size=0.033）、我爱推理配对（t=1.123，p=0.334>0.05，Effect size=0.234）、场景配对（t=1.565，p=0.167>0.05，Effect size=0.208）、水果消消乐游戏（t=1.976，p=0.055>0.05，Effect size=0.278）中，ASD 和 TD 组儿童（年龄 >4 岁）效率值未达到统计学显著差异。

表 4-9　ASD 和 TD 组儿童（年龄 >4 岁）效率值的差异分析

游戏名称	效率值（ASD组）	效率值（TD组）	方差同质性检验（Levene's test）		t检验			
			F	Sig.	Mean Difference	t	P-value	Effect Size
推箱子	0.104	0.145	0.041	0.910	0.041	1.342	0.105	0.033
我爱推理配对	0.084	0.127	0.678	0.328	0.043	1.123	0.334	0.234
场景配对	0.089	0.190	1.134	0.213	0.101	1.565	0.167	0.208
水果消消乐	0.312	0.332	0.132	0.616	−0.003	1.976	0.055	0.278

游戏名称	效率值（ASD组）	效率值（TD组）	方差同质性检验（Levene's test）		t检验				
			F	Sig.	Mean Difference	t	P-value	Effect Size
识别物体颜色与形状	0.101	0.141	0.878	0.324	0.04	2.656	0.012*	0.501
趣味分类	0.074	0.187	3.235	0.078	0.113	6.156	0.001**	0.688

注：* $p < 0.05$，** $p < 0.01$，*** $p < 0.001$。

4.7.6 干预任务评估效果在组内的差异分析

进一步对干预任务在 ASD 组与 TD 组儿童组内的评估效果做差异分析，ASD 组儿童在两个不同年龄段（年龄 ≤ 4 岁与年龄 >4 岁）效率值差异分析结果如表 4-10 所示。结果表明，在趣味分类任务（t= 2.156，p =0.042 <0.05，Effect size=0.356）中，两个年龄段的 ASD 儿童的效率值存在显著差异；在推箱子（t=

0.842，p =0.430>0.05，Effect size=0.123）、我爱推理配对（t= 1.223，p =0.213>0.05，Effect size=0.223）、场景配对（t= 0.935，p =0.356>0.05，Effect size=0.156）、水果消消乐（t= 0.876，p =0.787>0.05，Effect size=0.043）、识别物体颜色与形状（t= 1.256，p =0.178>0.05，Effect size=0.321）五个干预任务中，两个年龄段的 ASD 儿童效率值均未达到显著性差异水平。

表 4-10　ASD 儿童在两个年龄段（年龄 ≤ 4 岁和年龄 >4 岁）效率值的差异分析

游戏名称	效率值（年龄≤4岁）	效率值（年龄>4岁）	方差同质性检验（Levene's test）		t检验		
			F	Sig.	Mean Difference	t	P-value	Effect Size
推箱子	0.089	0.104	0.001	0.912	0.015	0.842	0.430	0.123
我爱推理配对	0.072	0.084	0.112	0.638	0.012	1.223	0.213	0.223
场景配对	0.070	0.089	0.921	0.413	0.019	0.935	0.356	0.156
水果消消乐	0.298	0.315	0.456	0.516	0.017	0.876	0.787	0.043

续表

游戏名称	效率值（年龄≤4岁）	效率值（年龄>4岁）	方差同质性检验（Levene's test）		t检验			
			F	Sig.	Mean Difference	t	P-value	Effect Size
识别物体颜色与形状	0.060	0.101	0.089	0.724	0.041	1.256	0.178	0.321
趣味分类	0.064	0.074	1.879	0.178	0.010	2.156	0.042*	0.356

注：$*p < 0.05$，$**p < 0.01$，$***p < 0.001$。

TD 组儿童在两个不同年龄段（年龄 ≤ 4 岁与年龄 >4 岁）效率值的差异分析结果如表 4-11 所示。结果表明，在六个干预任务的效率值上，TD 组儿童在两个不同年龄段均不存在显著差异（$p>0.05$）。具体来说，在推箱子干预任务中，$t=1.022$，$p=0.314$，Effect size=0.125；在我爱推理配对任务中，$t=1.232$，$p=0.122$，Effect size=0.245；在场景配对任务中，$t=0.367$，$p=0.616$，Effect size=0.054；在水果消消乐任务中，$t=0.867$，$p=0.284$，Effect size=0.123；在识别物体颜色与形状任务中，$t=1.353$，$p=0.175$，

Effect size=0.214；在趣味分类任务中，t=0.676，p=0.453，Effect size=0.122。

表 4-11　TD 组儿童在两个年龄段（年龄 ≤ 4 岁和年龄 >4 岁）效率值的差异分析

游戏名称	效率值（年龄≤4岁）	效率值（年龄>4岁）	方差同质性检验（Levene's test）		t检验			
			F	Sig.	Mean Difference	t	P-value	Effect Size
推箱子	0.119	0.145	0.038	0.678	0.026	1.022	0.314	0.125
我爱推理配对	0.102	0.127	3.789	0.045	0.025	1.232	0.122	0.245
场景配对	0.169	0.190	.003	0.798	−0.021	.367	0.616	0.054
水果消消乐	0.312	0.332	4.170	0.054	−0.020	.867	0.284	0.123
识别物体颜色与形状	0.081	0.141	7.876	0.004	−0.060	1.353	0.175	0.214

续表

游戏名称	效率值（年龄≤4岁）	效率值（年龄>4岁）	方差同质性检验（Levene's test）		t检验			
			F	Sig.	Mean Difference	t	P-value	Effect Size
趣味分类	0.166	0.187	2.546	0.113	−0.021	0.676	0.453	0.122

注：$* p < 0.05$，$** p < 0.01$，$*** p < 0.001$。

4.7.7 总结

通过对实验组和对照组儿童得分的统计分析，可以对干预任务的有效性进行评估。本书使用了定量的研究方法，相对于定性研究方法而言，这种方法更加客观、灵活。此外，本书所设计的任务也可以用于 ASD 儿童教育干预。

由于儿童的发展轨迹、认知特点以及对外界环境的适应能力存在个体差异，有些任务的完成率未达到预期。例如，ASD 儿童的推箱子游戏完成率（ASD 组年龄 ≤ 4 岁的儿童的完成率为 65%；年龄 > 4 岁的儿童的完成率为 35%）相对低于其他儿童。儿童玩这个游戏时，需要跟随虚拟人物角色的视线来回转换，以便在游戏情境中把箱子推到合适的位置，这对于他们来说似乎很难。ASD组儿童在这一游戏的得分较低反映了孤独症儿童核心症状（如共同注意缺陷）[31]。此外，ASD儿童在面对困难时更容易放弃，并且自我效能感低，这可能是影响该任务得分的另一重要因素[32]。ASD儿童的共同注意、模仿和认知功能障碍的发展轨迹尚不清楚。对于有患ASD风险的幼儿的社会交往能力发展的研究表明，在2岁和4岁之间，共同注意行为的质量没有显著提高[33]。ASD儿童社会交往能力发展迟缓以及个体差异可能是导致这一结果的原因。

对ASD组和TD组儿童完成所有任务后的得分、所花费的时间和效率进行比较，结果表明不同组儿童在任务得分方面存在显著差异。由于每个任务都有不同的评分方法，本书引入了"效率"的概念，指得分和花费时间的比率。很明显，TD组儿童的表现优于ASD组儿童。数据分析结果还表明，ASD组儿童通常在共同注意、心理推理、视觉匹配、精细动作、认知理解和概念分类方面存在困难。孤独症患者在这些方面，有些问题较为严重，有些症状相对轻微[34]。

在研究ASD组和TD组儿童之间的差异时，可通过对数据进行独立样本t检验来分析各组的效率差异。结果表明，ASD组和TD组之间存在显著差异。至于ASD组和TD组组内得分，两个不同年龄段的效率值没有明显差异。ASD组儿童经常会遇到语言方面的困难，并且可能会发育迟缓。这可能是ASD组儿童不同年龄段得分差异不显著的原因。

本书为 ASD 组儿童教育提供了一种新的教育评价方法。本书设计了一系列的智能化干预场景和任务，来探讨 ASD 和 TD 组儿童在共同注意、心理推理、视觉匹配、精细动作、认知理解和概念分类方面的差异。结果表明，总体上来说，ASD 组儿童的发展水平大多低于 TD 组儿童，并且 ASD 与 TD 组之间存在显著差异。TD 组儿童的成绩优于 ASD 组，并且效率值与年龄成正比。

第 5 章　智能情绪教学代理应用研究

5.1 智能情绪教学代理的理论基础

5.1.1 人机智能交互技术的发展

人机智能交互技术作为人工智能领域的重要技术，其出现标志着人机交互方式取得了革命性进步。人机交互从早期的通过文本命令行界面，到通过图形用户界面，再到现在通过自然语言处理和智能体交互，人机交互技术经历了从被动到主动、从单一到多元的演变过程。随着机器学习和深度学习技术的发展，人机智能交互技术开始能够理解和预测用户的需求，带给用户更加自然和直观的交互体验。这种技术的发展改变了人们与机器的沟通方式，也为教育领域带来了新的可能性。

在教育领域，人机智能交互技术的应用进展显著。智能教学系统能够根据学生的学习习惯和能力水平，有针对性地提供学习资源和教学策略。通过数据分析和学习行为追踪，这些系统能够根据学生的学习进度和理解程度实时调整教学内容。此外，虚拟现实（VR）和增强现实（AR）技术的应用，为学生提供了沉浸式的学习环境，使抽象概念具象化，增强了学习的互动性和趣味性。这些技术的发展，为不同学习风格的学生提供了更加适宜的学习路径。

随着人机智能交互技术的发展，教育领域正经历着从传统教学模式向智能化、个性化教学模式的转变。智能辅导系统和智能评估工具的开发，使教育更加高效和精准。智能辅导系统能够通过自然语言处理技术，理解和回答学生的问题，提供即时的反馈和辅导。智能评估工具则能够自动评分和分析学生的作业和测试，帮助教师更好地了解学生的学习状况，及时调整教学计划。这些技术的应用，不仅提高了教学效率，还为学生提供了更加丰富和个性化的学习体验。随着技术的不断进步，未来教育将更加注重学生的主动参与和创新能力的培养，人机智能交互技术将在这一过程中发挥越来越重要的作用。

5.1.2 基于人机智能交互技术的教学代理在教育中的应用

在教育领域，基于人机智能交互技术的教学代理正逐渐成为提高教学质量和效率的重要工具。教学代理，作为虚拟教师或学习伙伴，能够模拟人类教师的角色，提供个性化的学习指导和反馈。这种代理通过自然语言处理和机器学习技术，能够理解学生的问题和需求，提供即时的答疑和辅导服务。它们能够根据学生的学习进度和表现，调整教学内容和难度，实现真正的个性化教学。教学代理还能够通过分析学生的学习行为和成果，为教师提供数据支持，帮助教师更好地了解学生的学习状态，优化教学策略。

教学代理不只可以提供学术指导，还可以在情感和动机方面支持学生的学习。通过情绪识别和响应技术，教学代理能够识别学生的情绪状态，并给予相应的鼓励或安慰。这种情感支持有助于提高学生的参与度和学习动力，尤其在远程和在线学习环境中，教学代理能够为学生提供持续的陪伴和支持，减少学生的孤独感和焦虑。教学代理的这种情感交互能力使它们在促进学生全面发展方面发挥着越来越重要的作用。随着技术的进步，未来教学代理将更加智能化和人性化，它们将成为教育中不可或缺的一部分，为学生提供更加丰富的学习体验，提高学生的学习效率。

5.1.3 情绪反馈与学习效果的关系

情绪反馈在教育过程中至关重要，会影响学习者的情感体验，还会直接影响学习者学习效果的提升。情绪反馈是一种强有力的教学工具，可通过模拟人类教师的情感交流，增强学习者的动机和参与度。情绪反馈包括正面鼓励、适时的表扬以及建设性的批评，这些反馈形式能够提升学习者的满意度、自豪感和成就感等，从而促进学习者对学习材料的深入理解和记忆。研究表明，当学习者接收到积极的情绪反馈时，他们更有可能展现出更高的学习热情，有更好的学习表现。这种反馈机制强化了学习者的自我效能感，使他们相信自己有能力掌握知识和技能，进而在面对挑战时更能坚持下去，做出更多的努力。

情绪反馈与学习效果之间的关系还体现在反馈的即时性和个性化上。智能情绪教学代理能够实时监测学习者的情绪变化，并根据这些变化提供即时的情绪反馈。这种即时性确保了学习者在遇到学习障碍或取得进步时，能够立即得到情感上的支持。反馈的个性化指教学代理能够根据学习者的特定需求和偏好，调整反馈的内容和方式。例如，对于需要更多鼓励的学习者，教学代理可能会更频繁地提供正面反馈；而对于寻求挑战的学习者，则可能提供更具激励性的任务和目标。这种个性化的情绪反馈有助于激发不同学习者的内在动机，使他们更加投入和享受学习过程，从而提高学习效果。通过这种方式，智能情绪教学代理不仅是信息传递者，更是情感交流的伙伴，可为学习者带来更加丰富的学习体验。

5.2 智能情绪教学代理的设计原理

5.2.1 教学代理的情感设计

在智能情绪教学代理的设计原理中，情感设计是一个至关重要的组成部分，尤其在孤独症教育领域。情感设计涉及教学代理如何通过模拟人类的情绪反应来与学习者建立联系，提供支持，并促进学习过程。对于孤独症儿童而言，这种设计尤为重要，因为他们在理解和表达情感方面存在障碍，而情感设计可以帮助他们更好地与教学代理互动，从而提高学习效果。

教学代理的情感设计主要基于情感计算理论，该理论认为机器可以识别、理解、模拟和响应人类情感。在孤独症教育中，教学代理通过识别儿童的面部表情、语音语调、生理信号等感知他们的情绪状态。这种识别能力使教学代理能够及时提供情绪反馈，帮助孤独症儿童理解自己的情感，并学习如何适当地表达它们。例如，当教学代理识别到儿童出现挫败或焦虑的情绪时，它可以提供安慰的话语或引导儿童进行放松练习，以减少其负面情绪。

情感设计还包括对教学代理的外观、语音语调、动作表情等进行设计，使其能传递温暖、具有鼓励性和支持性的情感。这样不仅能够吸引孤独症儿童的注意力，还能够增强他们与教学代理之间的信任和互动。例如，当孤独症儿童完成一个任务时，教学代理可以通过微笑的表情和赞扬的话语来提供正面反馈，从而增强儿童的成就感和自信心。

情感设计的最终目标是创造一个能够提供个性化情感支持的教学环境，帮助孤独症儿童在情感认知、情绪调节和社交互动方面取得进步。通过情感设计，教学代理能够更好地满足孤独症儿童的独特需求，为他们提供一个更加包容和支持性的学习环境。随着人工智能技术的发展，情感设计在孤独症儿童教育中的应用前景将更加广阔，有望为孤独症儿童的情绪支持和教育干预带来革命性的变化。

5.2.2 教学代理的情绪识别技术

教学代理的情绪识别技术是实现个性化教学和情绪支持的关键。孤独症儿童由于其社交和沟通障碍，常常难以表达和管理自己的情绪，这使情绪识别技术在智能教学代理中尤为重要。情绪识别技术主要依赖计算机视觉、音频分析和生理信号处理等技术，捕捉和分析孤独症儿童的情绪状态。

计算机视觉技术通过分析孤独症儿童的面部表情和肢体语言，

教学代理可以识别出儿童的基本情绪，如快乐、悲伤或愤怒。教学代理需要复杂的算法来捕捉和解析这些视觉信息，区分微妙的表情变化，以便及时响应儿童的情绪需求。例如，通过深度学习训练的模型能够识别孤独症儿童在特定情境下的面部表情，使教学代理可据此提供情绪反馈。

音频分析技术可以根据孤独症儿童的声音特征，包括语调、音量和语速，判断情绪状态。通过借助音频分析技术，教学代理可以识别儿童是否处于焦虑或兴奋状态，并据此调整教学策略，以创造一个更加舒适的学习环境。

生理信号处理技术，如心率监测和皮肤电反应分析，为情绪识别提供了另一种途径。这些生理指标与情绪状态密切相关，可以为教学代理提供更客观的情绪数据。通过监测这些生理信号，教学代理可以更准确地判断孤独症儿童的压力水平和情绪波动情况，从而采取相应的干预措施。

5.2.3 教学代理的情绪反馈机制

教学代理的情绪反馈机制旨在通过模拟人类教师的情绪交流，为孤独症儿童提供更加有力的学习支持。孤独症儿童在情绪识别和表达上存在障碍，因此教学代理的情绪反馈机制需要特别设计，以适应这些儿童的特殊需求。

教学代理的情绪反馈机制通常基于人工智能技术，尤其情感计算和自然语言处理技术。这些技术使教学代理能够识别学生的情绪状态，如快乐、悲伤或沮丧，并能根据这些情绪状态提供相应的反馈。例如，当教学代理识别到孤独症儿童在某个学习任务中感到挫败时，它可以提供鼓励性的语言反馈，或者调整教学内容的难度，以帮助儿童克服困难。

教学代理的情绪反馈机制还涉及对孤独症儿童非言语行为（如面部表情、肢体语言和声音的音调变化）的分析，以更准确地理解儿童的情绪需求，并及时提供情绪支持。这种反馈不仅限于语言，还包括动画、音乐或声音效果等，以适应孤独症儿童多样化的学习特点。

为了提高教学代理情绪反馈的准确性和有效性，研究人员正在开发更加复杂的算法和模型，以更好地理解和预测孤独症儿童的情绪反应。这些模型通常集成了机器学习和数据挖掘技术，能够从大量的交互数据中学习，并逐渐优化教学代理的情绪识别和反馈策略。

5.3 智能情绪教学代理的应用实践

5.3.1 教学代理在孤独症教育中的应用案例

国内已有的孤独症儿童教育干预研究尚未开展人机智能交互反馈过程研究，而通过研究智能情绪教学代理，有助于弥补该研究领域的不足。智能教学代理研究更多关注学习者学习成绩等认知能力的提升，忽视学习者情绪等非认知能力的培养。基于此，本书提出，从教学代理对孤独症儿童进行情感支持和教学代理与孤独症儿童之间双向互动的发生逻辑等方面入手，构建反馈—情绪作用机制模型，并使用眼动追踪与情绪测试技术，深入探究情绪反馈设计对孤独症儿童的综合影响，从中总结情绪反馈设计的优化策略，为改善孤独症儿童在线学习情绪和学习成效提供参考。

本书提出使用教学代理提升孤独症儿童教育的干预效果。

（1）尝试使用多模态情感刺激、沉浸式情感交互、智能情感引擎等多种情感支持途径，探索情绪反馈设计的优化策略。

（2）研究智能教学代理与孤独症儿童之间双向情感互动的发生逻辑，尝试构建反馈—情绪作用机制模型。

5.3.2 教学代理对孤独症儿童进行情感支持的途径

教学代理在孤独症儿童教育中扮演着越来越重要的角色，尤其在提供情感支持方面。本书结合教学代理在孤独症教育中的应用案例聚焦教学代理如何通过智能技术感知孤独症儿童的情绪状态，并利用这些信息来提供个性化的情感支持。教学代理的设计包括形象、声音和行为等多个维度，这些维度共同作用于孤独症儿童，影响他们的情绪体验和学习效果。

首先，教学代理的形象设计影响孤独症儿童的情感体验。研究表明，孤独症儿童对于具有亲和力和温和表情的虚拟形象更为敏感，这些形象能够减少他们的焦虑感，增强安全感。因此，教学代理的形象设计需要考虑色彩、表情和动作等多个方面，以确保能够引起孤独症儿童的积极反应。

其次，教学代理的声音也是传递情感的重要渠道。语音的音调、节奏和音量都能影响孤独症儿童的情绪状态。例如，温和而缓慢的语速和高音调的声音可能更能够吸引孤独症儿童的注意，帮助他们保持平静和专注。教学代理要能根据孤独症儿童的情绪变化调整语音特征，以提供适宜的情感支持。

最后，教学代理也可通过行为反应提供情感支持。通过智能情感引擎，教学代理能够识别孤独症儿童的情绪变化，并据此调整其行为反应。例如，当识别到孤独症儿童感到沮丧时，教学代理可以通过提供鼓励性的话语、展示积极的面部表情或提供额外的帮助来提供支持。

案例通过多元回归分析方法和两因素方差分析方法分析问卷数据，探索教学代理情感引擎对孤独症儿童情感支持的有效途径。研究将情感引擎的情感支持作为自变量，将学业情绪、学习动机、学习满意度和自我效能感作为因变量。通过这种方法，量化教学代理情感支持对孤独症儿童学习体验的影响，从而为教学代理的设计和优化提供科学依据。

案例同时探讨智能情感引擎促使孤独症儿童接纳和信任教学代理的发生机理。通过分析孤独症儿童与教学代理的互动数据，预测孤独症儿童学习过程中的情绪变化，并据此调整教学策略。这样可以提高孤独症儿童对教学代理的接纳度和信任感，帮助孤独症儿童保持最佳学习状态，从而增强教学效果。

5.3.3 教学代理对孤独症儿童进行干预的发生逻辑

教学代理对孤独症儿童的干预涉及人工智能技术在感知、理解和响应孤独症儿童行为方面的应用。随着人工智能技术的发展，教学代理的信息理解能力得到了显著提高，包括对孤独症儿童情绪状态的识别，对儿童认知能力和学习需求的评估。这使代理能够更准确地捕捉和解释孤独症儿童的非言语和言语反馈。

孤独症儿童在面对学习任务时，可能会通过行为、表情或声音的变化来表达他们的感受，如挫败、困惑或兴奋。教学代理通过集成的传感器和算法，能够识别这些反馈信号，并据此调整教学策略。例如，如果一个孤独症儿童在解决数学问题时显得沮丧，教学代理可能会提供额外的指导，或者将问题简化，以帮助儿童克服障碍。

教学代理能够根据孤独症儿童的情绪变化来调整教学内容的难度，确保儿童学习时既不会感到无聊，也不会感觉压力过大。这种个性化的教学方法有助于孤独症儿童在积极的状态下获得成就感，从而增强他们的自信心和自我效能感。自我效能感是个体对自己完成任务能力的信念。对于孤独症儿童来说，建立这种信念尤为重要，因为它直接影响到他们的学习动机和参与度。

为了深入理解教学代理与孤独症儿童之间的互动，本书采用了社会网络分析和两因素方差分析方法。社会网络分析可以帮助揭示儿童与代理之间的互动模式，识别哪些互动特征与学习成效相关联；两因素方差分析可用于评估不同教学策略对孤独症儿童学习成绩的影响，以及这些策略如何与儿童的情绪状态和认知能力相互作用。

通过这些分析识别出最有效的教学代理干预策略，并为孤独症儿童的教育干预提供科学依据。这种基于数据驱动的方法不仅优化了教学代理的设计，还增强了孤独症儿童教育干预的针对性和有效性。最终，教学代理与孤独症儿童之间的双向互动形成了一个循环反馈系统，其中儿童的反应被用来不断调整和优化教学方法，以实现最佳的教育效果。

教学代理对孤独症儿童进行干预的发生逻辑如图 5-1 所示。

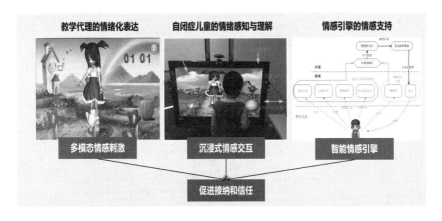

图 5-1　教学代理对孤独症儿童进行干预的发生逻辑

5.3.4 情感支持与干预的关键环节

　　该案例中对孤独症儿童的情感支持与干预的实施过程是一个系统化的过程（图 5-2）。首先，对教学代理在孤独症教育中的角色进行了明确的定义和理论基础的构建。其次，分析了孤独症儿童教育干预中存在的挑战，特别是人机关系困境，包括双向反馈、情景反馈和情感反馈的不足。再次，揭示了教学代理如何通过多模态情感刺激、沉浸式交互和智能情感引擎等技术，为孤独症儿童提供个性化的情感支持。最后，明确了教学代理如何感知孤独症儿童完成任务的难度和感受，并据此调整教学策略，以及教学代理与孤独症儿童之间的互动如何促进儿童的情绪识别和理解能力的提高。

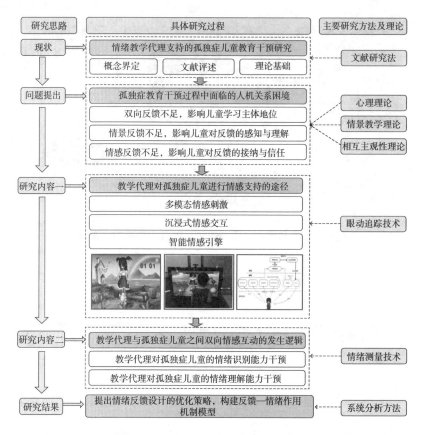

图 5-2　情感支持与干预的实施过程

通过眼动追踪技术和情绪测量技术，分析了教学代理与孤独症儿童之间的双向情感互动，以及这些互动如何影响儿童的学习成绩。基于这些分析，提出了教学代理情感反馈设计的优化策略，并构建了反馈—情绪作用机制模型，以提升干预效果。情感支持与干预的实施过程如图 5-2 所示。

1. 教学代理在孤独症教育中扮演的角色

教学代理在孤独症教育中扮演着重要角色，它是一个集成了人工智能技术的虚拟助手，旨在通过模拟人类教师的互动方式，为孤独症儿童提供个性化的教学支持。教学代理是知识的传递者，也是情感支持者和社交技能促进者。教学代理利用先进的算法来识别和响应孤独症儿童的独特学习风格、情绪状态和行为特征，从而提供定制化的教学内容和即时的学习反馈。在孤独症教育中，教学代理扮演的角色如下：

（1）个性化教学提供者：通过分析孤独症儿童的互动数据，教学代理能够调整教学策略，以适应每个儿童的特定需求和能力水平。

（2）情感交流的媒介：教学代理能够识别儿童的情绪变化，并通过适当的语言、表情和动作提供反馈，帮助孤独症儿童理解和表达自己的情绪。

（3）社交技能的教练：通过模拟社交互动，教学代理鼓励孤独症儿童参与社交练习，提高他们的社交技能，增强他们的社交自信心。

（4）学习动机的激发者：教学代理通过游戏和奖励机制，激发孤独症儿童的学习兴趣和动机，促进孤独症儿童参与学习活动。

（5）家庭和教师的辅助工具：教学代理为家长和教师提供数据支持，帮助他们更好地了解儿童的学习进展和情绪状态，从而在家庭和学校环境中提供更有效的支持。

（6）干预效果的评估者：教学代理通过收集和分析孤独症儿

童与其互动的数据，评估教育干预的效果，为进一步的干预提供依据。

教学代理通过在孤独症教育中扮演这些角色，旨在为孤独症教育提供全面支持，提升孤独症儿童的教育体验，促进孤独症儿童的全面发展。随着人工智能技术的不断发展，教学代理在孤独症教育中扮演的角色将变得更加重要和复杂。

2. 教学代理应用于孤独症教育中的理论基础

教学代理在孤独症教育应用中的理论基础是认知发展理论、社会互动理论和情感计算理论。认知发展理论关注个体如何通过与环境的互动来构建知识体系，这对于孤独症儿童尤为重要，因为他们在信息处理和学习方式上存在特殊性。社会互动理论关注个体如何在社会环境中学习并应用社交规则，这对于孤独症儿童社交技能的培养至关重要。情感计算则涉及开发能够识别、解释和模拟人类情感的系统，这对于孤独症儿童的情绪理解和表达具有重要意义。

在孤独症教育中，教学代理通过模拟真实世界的社交互动，提供了一个安全的学习环境，使孤独症儿童能够在没有压力的情况下练习社交技能。同时，教学代理基于情感计算理论，利用情感计算技术来识别和响应孤独症儿童的情绪状态，提供个性化的情感支持，帮助他们更好地理解和表达自己的情感。教学代理还能够根据孤独症儿童的个体差异和学习进度，提供教学内容和反馈，促进他们的认知和情感发展。

3. 孤独症教育干预中存在的人机关系困境

在孤独症教育干预领域，人机关系困境的一个核心问题在于情景反馈、情感反馈以及双向反馈的不足。首先，情景反馈的不足意味着教育环境未能充分模拟孤独症儿童在社交互动中可能遇到的各种情境，限制了他们学习和练习社交技能的机会。这种不足可能导致孤独症儿童在现实世界中的社交适应能力发展受阻。其次，情感反馈的不足指的是教育者或教学代理在识别和响应孤独症儿童情绪状态方面的能力有限。孤独症儿童往往在表达和理解情感上存在障碍，而在教育干预中，如果缺乏对这些情感需求的敏感性和适应性，可能会增加儿童的挫败感和社交隔离感。最后，双向反馈不足表明教育过程中缺乏有效的沟通循环，这使孤独症儿童难以在教学互动中表达自己的观点和需求。教育者可能未能及时调整教学策略，以响应儿童的需求，或者未能充分鼓励和支持儿童积极参与。这些不足共同造成了孤独症教育干预中的人机关系困境，它们不仅影响了孤独症儿童的学习效果，还影响了他们的社交和情感发展。

4. 情感支持的实施

本案例中的教学代理通过整合多模态情感刺激、沉浸式交互和智能情感引擎等技术，为孤独症儿童提供了一个个性化和适应性强的情感支持平台。多模态情感刺激技术通过视觉、听觉、触觉等多种感官渠道传递情感信息，使孤独症儿童能够在他们最敏感和最能接收的感官层面上获得情感体验和反馈。这种多维度的刺激方式有助于促进儿童对情感状态产生认知和理解，从而促进其情绪智力的发展。沉浸式交互技术则通过虚拟现实（VR）或增强现实（AR）等手段，创造了让孤独症儿童能够全身心投入的互动环境。在这样的环境中，儿童可以安全地探索社交场景，练习社交技能，而不必担心受到评判。这种沉浸式体验有助于降低儿童的焦虑感，提高他们参与社交互动的意愿和能力。智能情感引擎作为教学代理的核心，能够实时分析儿童的行为和生理反应，如通过眼动追踪技术分析儿童的视觉注意焦点，或通过语音分析技术识别儿童的情绪状态。基于这些分析，智能情感引擎能够自动调整教学代理的反应，以提供最适合孤独症儿童的情感支持。例如，当系统识别出儿童感觉困惑或沮丧时，教学代理可以提供鼓励性的话语或调整教学内容的难度，以更好地适应儿童的需求。

5. 情感互动

教学代理能够通过集成的人工智能算法，分析孤独症儿童的非言语行为和生理信号，如面部表情、语音语调、身体语言和生理反应，了解他们对任务难度的感知和感受。同时，教学代理可以利用眼动追踪技术，监测儿童的视线变化和注意力分配情况，从而判断他们对特定教学内容的感兴趣程度和理解程度。语音分析工具能够识别儿童语音的语调和节奏，帮助教学代理理解儿童的情绪状态。此外，通过分析儿童的互动模式和反馈，教学代理可以评估任务的难度是否适合儿童。基于这些信息，教学代理能够实时调整教学策略，如调整教学内容的复杂程度、提供额外的指导或简化任务步骤，以适应儿童的认知状态和情绪变化。例如，如果教学代理识别出儿童在解决数学问题时感到困惑，可能会通过提供视觉辅助工具或分步指导来降低任务难度。这种个性化的互动不仅帮助孤独症儿童在完成当前任务的过程中取得成功，还通过重复的积极反馈循环，增强了孤独症儿童的情绪识别和理解能力。教学代理通过模拟社交互动，提供了一个安全的环境，让孤独症儿童能够在没有压力的情况下练习情绪识别和表达。通过与代理的互动，儿童可以学习如何将内在情绪与外部刺激相联系，从而提高他们的情绪调节能力。

教学代理还能够通过提供一致的、可预测的反馈，帮助孤独症儿童建立对环境的信任感，这对于他们的情绪稳定和学习动机的保持至关重要。通过这种技术驱动的个性化教学，孤独症儿童的情绪识别和理解能力得到了显著的提升，为他们的社会交往和个人发展奠定了基础。

5.4 智能情绪教学代理的效果评估

5.4.1 教学代理效果的定量分析

在本案例中，教学代理的使用效果可以通过一系列量化指标进行评估。首先，通过比较孤独症儿童在使用教学代理前后的标准化测试成绩，如认知能力测试、社交技能评估和情绪调节能力测试，可以量化其学习进步情况。例如，如果儿童在认知测试中的分数提高了20%，这表明教学代理在提升认知能力方面是有效的。其次，通过记录孤独症儿童与教学代理互动的频率和持续时间，可以评估儿童的参与度和兴趣水平。例如，如果儿童与教学代理的互动时间从最初的10分钟增加到30分钟，可能表明儿童对学习活动的兴趣增加。再次，通过分析教学代理提供的情绪反馈与儿童情绪状态变化的相关性，可以量化情绪支持的有效性。例如，如果儿童在接收到积极情绪反馈后，其情绪稳定度提高了30%，表明教学代理在情绪支持方面是有效的。最后，通过跟踪孤独症儿童在教学代理辅助下完成特定任务的成功率，可以量化教学代理在促进任务完成方面的效果。例如，如果儿童在教学代理的辅助下完成任务的成功率从50%提高到80%，表明教学代理在提高任务完成率方面具有显著效果。

5.4.2 教学代理效果的定性分析

教学代理的使用效果可以通过定性分析来评估。首先，通过观察和访谈，可以收集孤独症儿童在使用教学代理过程中的行为变化和情感反应数据。例如，如果儿童在使用教学代理后表现出更多的社交互动行为和更少的焦虑行为，表明教学代理在提升社交技能和情绪调节能力方面是有效的。其次，通过家长和教师的反馈，可以评估教学代理对儿童日常行为和学习态度的影响。例如，如果家长和教师报告说儿童在使用教学代理后变得更具合作性和积极性，表明教学代理在提高学习动机和日常适应性方面是有益的。再次，通过案例研究，可以分析教学代理如何影响儿童的自我效能感和自信心。例如，如果儿童在使用教学代理后表现出更多的自我指导和独立完成任务的能力，表明教学代理在增强自我效能感方面是有效的。最后，通过长期跟踪研究，可以评估教学代理对儿童长期发展的影响。例如，如果儿童在长期使用教学代理后，其社交和情感能力持续改善，表明教学代理在促进儿童长期发展方面具有积极作用。

5.5 智能情绪教学代理的优化策略

智能教学代理的优化方法可以从以下三个方面进行详细分析：

5.5.1 多模态情感刺激的整合

为了提升孤独症儿童的情绪识别和理解能力，教学代理需要整合多种感官刺激，包括视觉、听觉、触觉等。通过使用丰富的视觉元素（如动画、色彩和图形）、声音效果（如语音反馈、音乐和声音效果）以及触觉反馈（如振动和物理交互），教学代理能够创造出一个多感官的学习环境。这种多模态刺激的整合可以提高孤独症儿童的参与度和注意力，从而增强他们对情绪的感知和理解能力。优化方法包括定制化感官内容，以适应个别儿童的偏好和敏感性；调整刺激的强度和频率，以匹配儿童的认知和情绪状态。

5.5.2 沉浸式情感交互的实现

沉浸式情感交互要求教学代理提供一个模拟真实社交场景的虚拟环境，使孤独症儿童能够在一个安全且可控的环境中练习社交技能。这涉及虚拟现实（VR）技术、增强现实（AR）技术、自然语言处理（NLP）技术和语音识别技术的应用，以实现与儿童的自然对话和情感交流。优化沉浸式交互的方法包括开发更加自然和适应性更强的交互界面，以及设计能够引导儿童进行社交互动的情境和任务。

5.5.3 智能情感引擎的优化

智能情感引擎是教学代理的核心，负责分析儿童的行为和生理数据，以识别他们的情绪状态。优化智能情感引擎的方法包括使用更先进的机器学习算法，以提高情绪识别的准确性；整合更多的数据源（如面部表情、语音特征和生理信号），以增强情绪分析的深度；开发更完善的情绪反馈机制，以根据儿童的情绪状态提供个性化的反馈和支持。

综合这三个方面，智能教学代理的优化方法旨在创建一个更能满足孤独症儿童的特殊需求的环境，提高他们的学习效果和社交技能。通过不断迭代和测试，这些优化方法可以逐步改进，以更好地服务于孤独症儿童的教育干预。

第 6 章　人工智能辅助情绪识别与调节的实践

6.1 人工智能辅助情绪识别与调节的研究基础

6.1.1 孤独症儿童的核心症状及情感需求

孤独症是一种广泛性发育障碍，主要表现为社交障碍、语言和非语言交流障碍、兴趣狭隘以及重复和刻板行为。这些障碍对儿童的社会化发展产生了明显的负面影响，导致其在社会互动领域面临多重挑战。社交障碍在孤独症儿童中表现得尤为明显，他们往往难以理解和表达复杂的社交信号，如面部表情、肢体语言和语调的变化，这使他们在建立和维持人际关系方面面临重大挑战。由于难以准确感知和响应他人的情绪变化，孤独症儿童在社交环境中经常感到困惑和不安，这种情感交流的困难进一步加剧了他们的孤立感，阻碍了他们参与社会活动。孤独症儿童的语言障碍包括语言延迟、语言理解和表达能力缺乏及非语言交流技能不足，如眼神接触和手势的使用。兴趣狭隘和重复刻板行为表现为对特定主题或活动的过度专注和重复，这可能会影响他们学习新事物的能力和适应能力。

因此，需要提供一个能够理解和支持孤独症儿童，使其获得独特情感体验的环境。该环境能够提供情感教育，帮助孤独症儿童提升社交技能和情绪调节能力，帮助孤独症儿童更好地理解和表达自己的情感，提高孤独症儿童对他人情感的识别能力，促进孤独症儿童社会情感能力发展和融入社会。

6.1.2 孤独症儿童社会情感状态识别的现实困境

孤独症儿童常常在社会交往和情感表达方面面临挑战，因为他们的镜像神经元系统可能存在功能障碍。镜像神经元对于社会认知和模仿学习至关重要，其功能受损可能导致孤独症儿童在理解和模拟他人行为及情感方面遇到障碍。这种障碍不仅阻碍了孤独症儿童的个人发展，还对他们的家庭生活和社会适应能力产生了不利影响。由于孤独症儿童的情感表达往往不典型且难以察觉，这使对他们的情感状态识别和理解变得更加复杂。

已有研究表明，通过人工智能技术，如深度学习和模式识别，可以提高识别孤独症儿童情感状态的准确性和效率。但人工智能技术在孤独症儿童情感状态识别方面的应用还处于早期阶段，识别方法的种类不够丰富，识别精度还有待提升。因此，未来的研究需要进一步探索如何利用人工智能技术更准确地识别和理解孤独症儿童的情感状态，以及如何将这些技术应用于实际的情感支持和社交技能训练中，以帮助孤独症儿童更好地融入社会，提高他们的生活质量。

6.1.3 人工智能赋能孤独症儿童社会情感干预的研究现状

在孤独症儿童的社会情感干预领域，人工智能技术的应用正日益增多，展现出其在提升干预效果方面的显著优势。这项技术通过实时监测和分析孤独症儿童的生理指标和行为表现，能够精确地捕捉孤独症儿童的情绪波动。这种能力为制定针对性的干预措施提供了数据支持，使干预活动更能满足每个孩子的实际需求。人工智能系统的自适应性使其能够根据儿童的情绪变化，灵活调整干预方案，确保干预措施的时效性和有效性。例如，基于人工智能构件的虚拟社交环境为孩子们提供了一个安全且压力较小的环境，让他们可以在没有现实世界评判的情境下练习社交技能，这有助于提升他们的社交自信和能力。自然语言处理技术是人工智能的另一项关键技术，能够辅助孤独症儿童理解和使用语言，从而提升他们的沟通技巧。这项技术的应用不仅提升了儿童的语言能力，还提升了他们与他人建立联系的能力。人工智能技术的应用还提高了教育和治疗领域专业人员的工作效率，通过减少人为错误和偏差，确保了干预措施的一致性和可靠性。总之，人工智能在孤独症儿童社会情感能力提升方面具有巨大的潜力，它不仅提高了干预的精准度和个性化水平，还为孤独症儿童提供了更加有效的社交情感支持，这对于他们的社会融入和个人发展具有重要意义。

针对孤独症儿童存在的社会情感障碍，有必要开发和改进孤独症儿童社会情感状态的识别方法，探索社会情感动态调节的策略和方法，实现为孤独症儿童提供及时、有效情感支持的目的。为此，本书从孤独症儿童社会情感状态的识别和社会情感调节能力两个方面，对相关研究动态进行综述和分析。

1. 关于孤独症儿童社会情感状态识别的研究

随着技术和智能检测设备的发展，许多生物性指标，如眼动数据、面部表情数据、生理反应数据、脑电数据等，已被证明能够有效识别人类情感状态。越来越多的研究者开始利用生物性指标，并运用深度学习算法，研究孤独症儿童的情感状态识别，发现依据这些生物性指标来识别孤独症儿童的社会情感状态，能达到较高的识别精度。

有研究表明，行为数据（表情、动作、语言）也可作为孤独症儿童社会情感状态识别过程中的可靠依据。然而，也有研究认为利用面部表情或者声音等行为数据进行社会情感状态识别时，识别结果容易因被试的故意伪装而变得不准确，尤其当被试是孤独症患者时，因其无法像常人一样表达自己的社会情感，识别准确性难以得到保证。

此外，可以应用传统量表，从积极性情绪失调维度、反应性维度、攻击性维度三个方面，对孤独症儿童进行社会情感状态识别。研究者可以通过这些量表收集数据，对孤独症儿童的社会情感状态进行更准确的评估和分类。但是，这种评估方式存在结果不准确、主观性强等问题。

2.关于孤独症儿童社会情感调节能力提升的研究

社会情感调节指人们使用社会情感调节策略对不适当的社会情感进行调节，使自身的情感状态达到平稳水平，获得最佳发展的过程。研究发现，孤独症儿童社会情感调节能力明显低于普通儿童，大约 74% 的孤独症儿童存在社会情感调节困难。国内外研究者使用认知行为疗法、应用行为分析、技术辅助工具以及团体干预等方法对孤独症儿童社会情感调节能力进行干预，发现这些方法对孤独症儿童社会情感调节能力提升有良好的效果，并且有良好的泛化成效与社会效度。音乐治疗也是一种重要的干预手段，在孤独症儿童社会情感调节能力的提升中显示出了巨大的潜力。

6.1.4 人工智能辅助情绪识别与调节的前景及待解决的问题

国内外研究者已经广泛利用生物性指标和智能检测设备，如眼动、面部表情、生理反应和脑电数据等，结合深度学习算法，开展孤独症儿童情感状态的识别研究。这表明人工智能技术在孤独症情感识别领域的应用前景广阔。同时，使用多样化技术手段对孤独症儿童进行社会情感调节能力干预，展现了较大的潜力和显著的效果。这些干预方法能够有针对性地提升孤独症儿童的情感表达、社交互动及情绪调节技能。特别是音乐治疗的应用，为孤独症儿童提供了一种有效的情绪宣泄和社交参与途径，整体改善了他们的情绪和行为表现。然而，孤独症儿童社会情感状态的识别和调节能力提升研究仍面临诸多挑战，需要从情感状态个体差异精准表征、多模态数据有效融合、社会情感动态调节等方面进行深入探索，具体问题如下：

（1）孤独症儿童自身的特殊性要求对其情感状态的个体差异进行精准表征。现有研究多集中于对群体特征的研究，而缺乏对每个儿童独特的情感表达和调节模式的深入挖掘。这可能导致研究无法针对性地解决个体具体情感需求问题，降低情感调节或干预效果，限制了孤独症儿童社会情感能力提升的可能性。

（2）多源数据融合对于揭示孤独症儿童情感状态的复杂性至关重要。现有研究往往孤立地分析生理、行为或历史数据，未能充分挖掘这些数据源间的内在联系。这种研究方式忽视了多模态数据中蕴含的深层次信息，限制了对孤独症儿童情感状态的精准识别。

（3）孤独症儿童的情感状态是动态且多变的，受多种情境因素的影响。现有研究往往忽视了对情感状态的实时监测和动态调节的需求，缺乏对情感变化连续性的考量。这种静态和孤立的研究方法可能导致干预措施无法及时响应儿童情感状态的即时变化，从而削弱了情感调节能力提升的效果。

在孤独症儿童个性化社会情感状态模型的基础上，开发和优化社会情感中多源数据融合的识别方法，探索情绪动态调节的策略，着力于解决上述问题，实现为孤独症儿童提供及时、有效情感支持的研究目标。

6.2 个性化社会情感状态模型的构建与应用

6.2.1 模型构建的理论基础

1.个体差异与社会情感表达

个性化社会情感状态模型的构建始于对孤独症儿童个体差异的深刻理解。孤独症儿童在社会情感表达上展现出显著的异质性，这不仅体现在情感表达的方式和内容上，还体现在情感反应的强度和持续时间上。因此，任何识别和调节孤独症儿童情感状态的模型都必须能够适应和尊重这种个体差异。个性化模型强调对每个儿童独特情感表达模式的识别和理解，从而为实时情绪识别和调节提供定制化的解决方案。

2.多模态数据的整合

个性化社会情感状态模型不依赖单一的数据源，而是综合利用生理数据、行为数据等多种数据信息。这种多模态数据的整合能够更全面地表征儿童情感状态，使模型能够从不同角度捕捉情感状态的变化。多模态数据整合的理论依据在于，孤独症儿童的情感状态可能在不同的数据源中表现出不同的特征，而综合分析这些特征能够提高情感识别的准确性和可靠性。

3. 情感状态的连续性与稳定性

孤独症儿童的情感状态并非孤立或瞬时的，而是在时间上具有一定的连续性和稳定性的。这意味着儿童的情感状态可能受到长期情绪模式的影响，而这些模式可以通过分析历史特征数据来学习。通过分析历史数据，模型可以识别出儿童情感状态的长期趋势和周期性变化，从而为实时情绪识别提供重要的背景信息。

4. 动态系统理论

动态系统理论认为，孤独症儿童的情感状态是动态变化的，受到多种内外因素的影响。模型必须能够适应这些变化，并实时调整，以反映最新的情感状态。动态系统理论强调了系统内部因素和外部环境之间的相互作用，这对于理解和预测孤独症儿童情感状态的复杂动态变化至关重要。

综上所述，个性化社会情感状态模型的构建需运用心理学、认知科学、数据科学和人工智能等多个领域的理论。通过整合这些理论，模型可对孤独症儿童的情绪进行更精准的识别，为孤独症儿童的情绪调节提供更有力的支持。

6.2.2 个性化社会情感状态模型的应用案例

个性化社会情感状态模型的优势在于利用实时的生理和行为数据，为孤独症儿童提供精准的情感支持与干预，可应用在多个关键领域。在教育环境中，它成为特殊教育教师的得力助手，通过实时监控学生的情感波动，帮助教师及时调整教学方法和策略，以营造更加适宜的学习氛围，从而提升孤独症儿童的学习效率和参与度。在家庭环境中，家长借助模型，能更准确地捕捉到孩子的情感变化，进而采取更有效的沟通和互动方式。这不仅促进了家庭关系的和谐，还为孤独症儿童提供了一个更加包容和具有支持性的成长环境。在临床干预方面，模型是心理医生和治疗师的数据分析伙伴，通过评估孤独症儿童的情绪变化，为制订个性化的治疗计划提供数据支撑，使治疗更加有的放矢。在个性化治疗领域，模型通过精准的情绪识别，为每个孤独症儿童定制情绪调节方案。无论是音乐疗法还是行为疗法，都能根据儿童的具体需要进行调整，以期达到最佳治疗效果。个性化社会情感状态模型以其实时性、精准性和个性化的特点，在孤独症儿童的教育、家庭生活、临床治疗和个性化治疗中发挥着至关重要的作用，极大地改善了孤独症儿童的生活质量和情感状态。

个性化社会情感状态模型的应用案例如表6-1所示。

表6-1　个性化社会情感状态模型

应用场景	案例描述	应用情况	应用效果
课堂场景	小 A，8 岁，孤独症儿童，在学校课堂上表现出严重的情绪障碍，难以调控自己的情绪	教师使用个性化社会情感状态模型监测小 A 的生理信号和行为表现。通过分析心率变异性、面部表情和课堂参与度，模型能够实时识别小 A 的情绪状态	教师发现小 A 在小组活动中表现出焦虑的迹象。根据模型的分析结果，教师及时调整教学方法，采用更多的针对性指导和视觉辅助工具，帮助小 A 降低焦虑，提高其参与度
家庭场景	小 B，10 岁，自闭症儿童，在家经常因为环境变化表现出情绪波动	家长使用模型监测小 B 的情绪变化，模型通过分析小 B 的语音语调、动作和日常行为模式来识别其情绪状态	家长发现小 B 在做家庭作业时表现出挫败感。基于模型的反馈，家长采取了分步指导和积极鼓励的策略，帮助小 B 更好地管理情绪，顺利完成作业
临床干预	小 C，12 岁，自闭症儿童，正在接受认知行为疗法	治疗师使用模型来监测小 C 在治疗过程中的情绪变化，模型分析了小 C 的生理信号和治疗互动情况	治疗师发现小 C 在面对特定情绪触发点时会出现紧张的反应。模型的实时反馈帮助治疗师调整治疗计划，采用更温和的暴露策略，帮助小 C 逐步克服恐惧

续表

应用场景	案例描述	应用情况	应用效果
个性化教育干预	小D，14岁，孤独症儿童，对音乐有特别的喜好	治疗师利用模型识别小D的情绪状态，并根据模型的分析结果调整音乐治疗的曲目和节奏	模型显示小D在听柔和音乐时情绪更为稳定。治疗师据此调整治疗计划，使用更多的放松音乐帮助小D管理焦虑和提升情绪调节能力

6.3 社会情感状态的多维度识别技术

6.3.1 基于生理信号的情感状态识别技术

生理信号作为情感状态的直接体现，对于识别和理解孤独症儿童的情绪变化具有重要作用。在社会情感状态的多维度识别技术中，生理信号的分析是基础且关键的一环。本节将探讨生理信号在情感识别中的作用及其在孤独症儿童情绪分析中的应用。

1.生理信号与情感状态关联

生理信号指个体在情绪体验过程中身体所表现出的生理反应，包括心率、心率变异性、皮肤电导、呼吸模式、面部肌电等。这些信号与情绪状态之间存在密切的联系。例如，心率和心率变异性能够反映个体的情绪激动程度，皮肤电导的变化与情绪的唤醒水平相关，而呼吸模式的调整往往与情绪调节有关。在孤独症儿童中，对这些生理信号的分析有助于揭示孤独症儿童难以用语言和行为表达的情绪。

2.生理信号的采集与处理

在实际应用中，通过非侵入式传感器技术可以方便地采集孤独症儿童的生理信号。这些传感器能够实时监测和记录个体的生理数据，为情感状态的实时识别提供可能。生理信号采集完后，利用滤波、去伪迹等预处理技术，可以提高信号质量。

采集信号后进行特征提取。特征提取涉及从原始生理信号中提取能够有效表征情绪状态的关键信息。这一过程通常包括时域分析、频域分析和统计分析等多种方法。时域分析主要关注信号的直接测量值，如心率的峰值、均值、标准差等，这些可以直接反映个体的生理状态和情绪变化。频域分析关注信号的频率成分，通过傅立叶变换等方法将时域信号转换为频域信号，分析心率变异性（HRV）的功率谱密度，揭示情绪状态对自主神经系统的影响。统计分析则涉及对信号的分布特性进行建模，如计算皮肤电导的峰值、均值、变异度等，以量化情绪唤醒的程度。此外，特征提取还可能包括非线性动态分析，如相空间重构和 Lyapunov 指数计算，以揭示情绪状态变化的复杂性和不可预测性。通过综合运用这些分析方法，可以从原始生理信号中提取出一系列定量的特征，如心率的均值和标准差、HRV 的低频和高频成分、皮肤电导的峰值和反应次数等。

将提取的生理信号特征转化为具体情绪类别，这一过程依赖机器学习模型的学习能力。在训练阶段，模型通过分析标记好的情感数据集来学习特征与情绪状态之间的映射关系。支持向量机（SVM）是一种常用的分类器，通过寻找一个最优边界（超平面）来区分不同的情绪类别，尤其适用于高维特征空间的情感分类问题。随机森林是一种集成学习方法，它构建多个决策树并将它们的预测结果汇总，以提高分类的准确性和鲁棒性。神经网络，尤其深度学习模型，能够自动学习特征之间的复杂非线性关系，对于捕捉情绪状态的细微差别特别有效。这些模型在接受训练后，能够对新的情感数据进行分类，识别出相应的情绪状态。模型的性能通常通过准确率、召回率和 F_1 分数等指标进行评估，并在交叉验证过程中优化，以确保其泛化能力。在实际应用中，选择哪种模型往往取决于具体问题的需求、数据的特性以及计算资源的可用性。随着机器学习技术的发展，情感状态分类的准确性和效率不断提高，为孤独症儿童的情绪识别和管理提供了强有力的技术支持。

3. 生理信号分析存在的问题

尽管生理信号在情感识别中具有明显的优势，但也存在一些挑战。例如，孤独症儿童的生理反应可能与常人有所不同，需要应用特定的分析模型来准确解读。此外，个体差异、环境因素和生理信号的非线性特征也增加了情感识别的复杂性。未来的研究需要进一步探索如何结合生理信号与其他数据（如行为数据、语言数据等）进行多模态情感分析，以提高情感识别的准确性和鲁棒性。同时，随着机器学习和深度学习技术的发展，将有更先进的算法被应用于基于生理信号的情感识别中，以实现更精准的情绪分析和更有效的情绪支持。

6.3.2 基于行为数据的情感状态识别技术

基于行为数据的情感状态识别技术依靠分析个体的外在行为表现来推断其内在情绪状态。孤独症儿童在语言表达上存在障碍，其行为表现相对容易观察和记录，适合用外在行为表现来推断其内在情绪状态。

1.行为数据的类型与采集

行为数据包括面部表情、肢体动作、语音语调、眼动数据和社交互动模式等。这些数据可以通过视频记录、音频分析、可穿戴设备和眼动追踪技术等手段进行采集。在孤独症儿童的研究中，这些行为数据的收集需要在尊重儿童隐私、保证儿童舒适的前提下进行。

2.数据预处理

行为数据中包含大量的噪声和无关信息。预处理步骤包括数据清洗、去噪、特征增强等，以提高数据的质量。例如，视频数据可能需要帧率调整、分辨率标准化和关键区域的裁剪，而音频数据可能需要背景噪声过滤和音量归一化。

3.特征提取

特征提取是识别行为数据中与情绪状态相关的关键信息的过程。对于面部表情，可能提取眼角和嘴角的移动特征；对于肢体动作，可能提取手势和身体姿态的变化；对于语音，可能提取语速、音调和音量等特征。这些特征要能准确反映情绪状态的变化。

4.情感状态分类

情感状态分类是通过机器学习模型将提取的行为特征与具体的情绪状态相对应。在这个过程中，隐马尔可夫模型（HMM）是一种统计模型，它能够处理时间序列数据，捕捉行为特征随时间的变化，适用于识别具有时间依赖性的情感状态。条件随机场（CRF）则是一种动态模型，可以捕捉特征之间的条件关系，特别适用于处理具有复杂依赖结构的序列数据，如自然语言处理和生物信息学中的情感分析。深度学习网络，尤其循环神经网络（RNN）和长短期记忆网络（LSTM），因其在处理序列数据和提取时间动态特征方面的优势而被广泛用于情感状态分类。这些网络能够自动学习行为数据中的复杂模式和非线性关系，从而提高分类的准确性。在训练过程中，模型通过大量的标记数据学习特征与情绪状态之间的映射关系，对新的行为数据进行情感分类。这些模型的性能通常通过准确率、精确率、召回率和 F_1 分数等指标进行评估，并通过交叉验证等方法进行优化，以确保模型具有良好的泛化能力。随着机器学习技术的发展，情感状态分类的准确性和效率不断提高，为孤独症儿童的情绪识别和管理提供了强有力的技术支持。

5. 技术应用与挑战

基于行为数据的情感识别技术在孤独症儿童的情绪支持中具有广泛的应用前景，包括实时情绪监测、个性化干预和治疗效果评估。然而，该技术也面临一些挑战，如个体差异、环境干扰、行为表现的多义性等。未来的研究需要探索更复杂的模型和算法，考虑到孤独症儿童的特殊需求，提高情感识别的准确性。

6.3.3 情感识别结果的准确性与可靠性评估

在此，本书对情感识别结果的准确性与可靠性评估进行简要介绍：

1. 准确性评估

情感识别结果的准确性评估是验证识别系统性能的核心环节，它通过定量分析模型预测结果与实际情感状态之间的一致性来完成。这一过程主要依赖于机器学习中的几个关键指标：准确率、精确率、召回率和 F_1 分数。准确率反映了模型整体预测正确的比例，是模型性能的直接体现。精确率和召回率分别衡量了模型预测为正类别的准确性和覆盖度，它们对于不平衡数据集尤为重要。F_1 分数是精确率和召回率的调和平均数，用于评估模型整体性能。在实际操作中，这些指标通过混淆矩阵计算得出，混淆矩阵展示了实际类别与预测类别之间的对应关系。此外，交叉验证作为一种重要的模型评估方法，通过将数据集分成多个子集，轮流作为测试集使用，确保了模型评估的稳健性。准确性评估的结果可用于指导模型的优化和参数调整，还可为模型的泛化能力的提升提供依据，是模型开发和迭代过程中不可或缺的一部分。准确率、精确率、召回率和 F_1 分数的计算公式如表 6-2 所示。

表 6-2　准确性评估关键指标

指标名称	指标含义	计算公式	公式解释
准确率	分类正确的样本数与总样本数的比例	准确率 =（真阳性 + 真阴性）/ 所有样本	真阳性（TP）是正确预测为正类别的样本数，真阴性（TN）是正确预测为负类别的样本数

续表

指标名称	指标含义	计算公式	公式解释
精确率	正确预测为正类别的样本数与预测为正类别的总样本数的比例	精确率 = 真阳性 /（真阳性 + 假阳性）	假阳性（FP）是错误预测为正类别的样本数
召回率	正确预测为正类别的样本数与实际为正类别的总样本数的比例	召回率 = 真阳性 /（真阳性 + 假阴性）	假阴性（FN）是错误预测为负类别的样本数
F_1 分数	精确率和召回率的调和平均值，它在精确率和召回率之间取得平衡	F_1 分数 =2×（精确率 × 召回率）/（精确率 + 召回率）	无

2. 可靠性评估

情感识别结果的可靠性评估关注的是模型在不同条件和不同时间点下的稳定性和一致性。这包括模型在不同用户群体、不同环境和不同情境下的表现，以及模型随时间变化的稳定性。跨用户验证通过在不同用户上测试模型，评估模型对新用户的适应性和泛化能力。跨场景验证则检验模型在不同环境条件下的鲁棒性，如噪声水平、光线变化等。时间稳定性测试关注模型在长期应用中的表现是否稳定，是否存在性能衰减。这些评估通常通过长期追踪研究和实地测试来完成，以确保模型在实际应用中的可靠性。用户研究也是可靠性评估的一部分，通过问卷调查、访谈和用户体验测试来收集用户对模型准确性和稳定性的反馈，这样有助于发现模型可能存在的问题。可靠性评估的结果对于模型的长期部署和维护至关重要，它确保了模型不但在短期内表现良好，而且能够持续为用户提供稳定可靠的服务。

6.4 基于音乐干预的情绪动态调节策略

6.4.1 音乐干预的理论框架

音乐干预作为一种情感调节策略，可用于孤独症儿童的情绪支持。

1.音乐与情绪的关系

音乐具有强烈的情绪感染力，能够直接或间接地影响人的情绪状态。音乐的核心构成要素（如节奏、旋律、和声）与情绪状态之间存在对应关系。例如，快节奏的音乐可能增加唤醒水平，而慢节奏的音乐可能促进放松。音乐干预正是基于音乐与情绪之间这种内在联系。

2.同质音乐优势

同质音乐选择是一种基于情绪共鸣原理的音乐干预策略，指依据个体当前的情绪状态挑选具有相似情绪特质的音乐。对于孤独症儿童，这一策略尤为重要，因为他们可能在情绪识别和表达上面临挑战。当孤独症儿童处于特定的情绪状态，如焦虑或兴奋时，选择具有相同情绪特质的音乐，如孤独症儿童情绪平和时，选择柔和缓慢的旋律，情绪兴奋时选择快节奏的旋律，可以让他们产生情感上的共鸣。这种即时的情感共鸣不仅有助于儿童确认和理解自己的内在情绪，还能减少因情绪混乱带来的不适感。通过这种方式，可为儿童提供了一个安全的情感体验空间，使他们能够在音乐的陪伴下探索和接纳自己的情绪，进而为孤独症儿童情绪调节和情绪智力的发展打下基础。

3.实时情绪监测与音乐调整

实时情绪监测与音乐调整是音乐干预策略中的关键环节，它允许系统根据儿童即时的情绪变化灵活地调整音乐参数。通过先进的情绪识别技术，系统能够捕捉到儿童情绪的微妙变动，如从焦虑到放松的过渡。一旦检测到这样的变化，系统便会自动调整音乐元素，例如逐渐放慢节奏、减小音量或改变和声，以与儿童的新情绪相匹配，为儿童提供情绪支持。这种动态的音乐调整有助于加强情绪调节效果，使音乐干预更加个性化和有效。通过这种方式，音乐不仅能够反映儿童的情绪状态，还能促进他们的情绪稳定和转变。

4.定制化情感支持

音乐干预的目标是为每个孤独症儿童提供定制化的情感支持。这意味着音乐的选择和调整不仅要基于儿童的情绪状态，还要考虑他们的个人喜好、文化背景和音乐经验。通过个性化的音乐干预，每个儿童都能获得最适合自己的情感支持，从而更有效地进行情绪调节。

5.情绪调节的学习与泛化

音乐干预不仅关注即时的情绪调节效果，还重视情绪调节技能的学习与泛化。通过反复进行音乐干预，儿童可以学习如何通过音乐来管理和调节自己的情绪。这种学习过程有助于儿童在没有外部音乐支持的情况下，独立进行情绪调节，从而提高他们的情绪自我调节能力。

6.4.2 音乐元素与情绪调节的关联

音乐元素与情绪调节之间存在着密切的联系，这种联系基于音乐的各元素对人的情绪体验和生理反应的影响。

1. 节奏与情绪调节

节奏是音乐中的时间结构，它通过快慢、强弱的周期性变化影响人的情绪状态。快节奏的音乐往往能够激发活力，与兴奋、紧张的情绪相联系；慢节奏的音乐有助于放松和冷静，与平静的情绪相联系。在情绪调节中，通过调整音乐的节奏，可以帮助个体从紧张状态过渡到放松状态，或者激发积极的情绪反应。例如，对于焦虑的个体，慢节奏的音乐可以降低其生理唤醒水平；对于抑郁的个体，适度快节奏的音乐可能有助于提升情绪。节奏的变化能影响个体的情绪，从而达到情绪调节的目的。

2. 旋律与情绪调节

旋律是具有方向性和流动性的音高序列，通过音符的高低起伏和连续性来表达情感。旋律的线条和方向可以模拟情绪的波动，从而引起听者的情感共鸣。流畅、和谐的旋律可能能帮助人们缓解紧张情绪；复杂、不和谐的旋律可能会增加人们的紧张感。在情绪调节中，优美、简单的旋律往往与积极情绪相关联，有安慰和令人放松的效果；紧张和复杂的线条可能与消极情绪相联系，增加情绪的不安。旋律上行可能与兴奋和快乐的情绪相联系；旋律下行可能与悲伤和放松的情绪相联系。通过精心设计的旋律，可以引导个体经历一系列情绪变化，从而实现情绪的调节和平衡。

3. 响度与情绪调节

响度，即音乐的音量，是影响情绪体验的另一个重要因素。高响度的音乐通常与强烈的情绪体验相关，如激动、愤怒或兴奋，而低响度的音乐则与柔和、平静的情绪状态相关。在情绪调节中，响度的调整可以作为调节情绪强度的工具。例如，降低响度可以帮助个体摆脱过度兴奋或焦虑的状态，冷静下来；适度提高响度可能有助于提振情绪，特别是在个体感到低落或缺乏动力时。响度的变化能够直接影响个体的生理反应，如心率和呼吸，进而影响情绪状态。

4.和声与情绪调节

和声是音乐中多个音符同时发声产生的音响效果，它为音乐增添了丰富的情感色彩。和谐的和声给人以稳定、安宁的感觉，有助于缓解紧张和焦虑的情绪，而不和谐的和声可能会让人情绪不安或紧张。在情绪调节中，和声可以影响个体的情绪体验，和谐的和声有助于情绪的稳定和放松，而不和谐的和声可能被用来表达和处理复杂的情绪状态，如悲伤或愤怒。

5.音色与情绪调节的关系

音色指音乐中不同乐器或声音的特征，它影响着音乐的质感，可以让人产生不同的情绪。在情绪调节中，音色的选择可以引导个体的情绪体验。例如，温暖的音色（如大提琴或人声）可能有抚慰人心和令人放松的效果；冷峻的音色（如电子音乐）可能会让人变得警觉和兴奋。又如，明亮的音色可能与快乐的情绪相关；暗淡的音色可能与悲伤的情绪相联系。通过选择具有特定情感色彩的音色，音乐干预可以更有效地引导个体达到预期的情绪状态，实现情绪的调节。

6.4.3 音乐干预在实际情绪调节中的应用

根据识别出的情感类型，自动播放和切换与其情绪类型对应的同质音乐，根据实时情绪变化，把握音乐切换的时机，运用实时情绪状态编程调整音乐元素（如节奏、旋律、响度、和声、音色等），通过音乐为孤独症儿童提供定制化的情感支持，辅助其进行情感调节，达到为孤独症儿童提供及时、有效情感支持的目的。例如，如果系统检测到儿童的情绪逐渐稳定，可能会逐渐降低音乐的音量，或从慢节奏转变为更活泼的节奏，以鼓励积极情绪的发展。这种动态的音乐调整为孤独症儿童提供了连续的情感支持，帮助他们更好地管理和调节自己的情绪，从而实现情绪稳定和心理健康的目标。

6.5 人工智能辅助情绪识别与调节的关键技术

6.5.1 技术主线

人工智能辅助情绪识别与调节的技术主线如下：①个性化社会

情感状态模型构建。创建个性化社会情感状态模型，该模型整合实时生理、行为数据和历史情感数据，利用机器学习技术，尊重孤独症儿童的个体差异，实现对每个儿童独特情绪模式的学习和表征。②社会情感状态识别。通过将不同层次和维度的数据特征融合，结合细粒度注意力机制，提出能够精确挖掘多源数据间关联特征的识别方法。通过该方法提升模型对情感状态变化的敏感度和识别精度，确保情感状态的准确量化。③情绪动态调节。探索情绪动态调节策略，根据实时情感状态识别结果，自动调整和播放相应的同质音乐，实时更新音乐元素，以适应儿童情绪的即时变化，为孤独症儿童提供定制化的情感支持。通过上述技术，可为孤独症儿童提供全面、及时、有效的社会情感状态识别与动态调节支持，促进其社会情感能力的发展。

技术主线如图 6-1 所示。

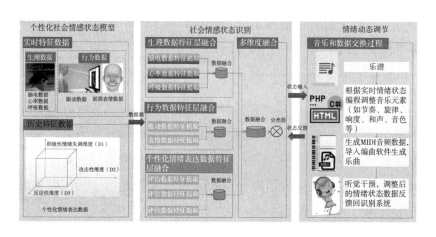

图 6-1 技术主线

6.5.2 关键技术

从提升孤独症儿童社会情感能力出发，围绕孤独症儿童社会情感状态智能化识别精度和情感调节效果这一问题展开研究，重点突破以下两个关键技术：

1.实时特征建模数据甄选方法

在个性化社会情感状态模型中，将实时特征建模数据甄选看作一个数据挖掘问题，即挖掘实时特征建模数据与历史特征数据控制变量、儿童情感状态结果之间的关联关系，通过选择置信度高的关联规则，达到甄选有效建模数据的目的。如图 6-2 所示，建模数据的甄选包含两个步骤：①历史特征数据控制变量调整与数据采集。首先从实时特征向量中随机选择低维特征分量 f_i 作为建模数据，试运行本书提出的社会情感状态识别系统，比较识别结果与历史特征数据后，可以得到历史特征数据控制变量 v_i 和儿童情感状态识别分数 s_i。试运行一段时间后可以收集到一系列的数据。②数据关联分析。对采集的数据按情感状态识别分数进行聚类；使用数据进行关联分析，得到特征分量 f 与历史特征数据控制变量 v 之间的关联关系；选取置信度较高的前 N 个关联规则中的特征分量作为甄选出的建模数据。

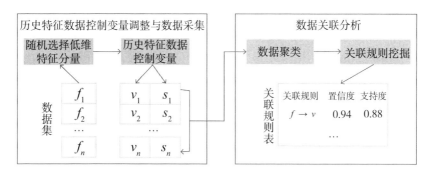

图6-2 建模数据的甄选过程

2.细粒度注意力机制下多源数据融合技术

针对所提取的数据特征，本书设计了交互特征融合模块来对其进行融合。细粒度注意力机制下多源数据融合示意图如图6-3所示。将各数据源的特征两两组合，将组合结果作为特征融合模块的输入，在两两组合中设置一个主输入和一个辅助输入，将两种输入特征融合来生成输出目标。设 $E = \{E_1, E_2, \cdots, E_n\} \in \mathbb{R}^{d_e \times n}$ 为主输入，$G = \{G_1, G_2, \cdots, G_l\} \in \mathbb{R}^{d_l \times l}$ 为辅助输入，将主输入 E 和辅助输入 G 投影到同一个共享向量空间中：

$$E_{emb_i} = \tanh\left(P_{E_{emb}} E_i + C_{E_{emb}}\right) \tag{6-1}$$

$$G_{emb_i} = \tanh\left(P_{G_{emb}} G_i + C_{G_{emb}}\right) \tag{6-2}$$

其中，$P_{E_{emb}} \in \mathbb{R}^{d_v \times d_e}$、$P_{G_{emb}} \in \mathbb{R}^{d_v \times d_l}$、$C_{E_{emb}} \in \mathbb{R}^{d_v}$、$C_{G_{emb}} \in \mathbb{R}^{d_v}$ 是训练参数，d_v 表示共享向量空间的维数。特征融合模块中使用 E_{emb} 和 G_{emb} 来计算注意力矩阵 $M \in \mathbb{R}^{n \times 1}$，$M_{ij}$ 表示主输入的 i 个内容与辅助输入的第 j 个内容之间的相关性，注意力矩阵 M 表示如下：

$$M_{ij} = E_{\text{emb}_i}{}^{\text{T}} G_{\text{emb}_i} \qquad (6-3)$$

为衡量每个辅助输入对主输入的重要性，使用 softmax 函数量化 M，表示如下：

$$M_{ij} = \frac{\exp\left(M_{ij}\right)}{\sum_{j=1}^{l} \exp\left(M_{ij}\right)} \qquad (6-4)$$

那么，基于注意力机制的辅助输入 J 表示为

$$J = G \cdot M^{\text{T}} \qquad (6-5)$$

最后将主输入 E 和基于注意力机制的辅助输入 J 在全连接层进行拼接，得到融合特征 $U = \{U_1, U_2, \ldots, U_n\}$：

$$U = \tanh\left(P_u\left[E_i : J_i\right] + C_u\right) \qquad (6-6)$$

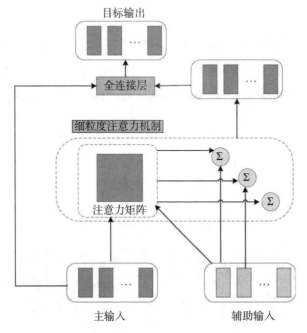

图 6-3　细粒度注意力机制下多源数据融合

6.6 人工智能在情绪识别与调节中应用的伦理 考量

在利用人工智能进行情绪识别与调节时，必须考虑一系列伦理问题，以确保技术的负责任使用，并保护所有利益相关者，特别是孤独症儿童的权益。

6.6.1 数据隐私与伦理界限

在情绪识别过程中，系统可能会收集和处理大量的个人敏感数据，包括生理信号、行为数据和语音信息。这些数据的收集、存储和处理必须符合数据保护法规，如欧盟的《通用数据保护条例》（GDPR）。必须采取适当的安全措施来保护这些数据不被未授权访问或泄露。此外，应当对数据进行匿名化处理，确保个人身份信息不被识别，并且在数据使用中坚持最小必要原则，只收集实现目的必需的数据。

必须确保人工智能的使用不会侵犯个人的自主权，尤其在对孤独症儿童进行情绪调节时。例如，技术的使用不应导致对儿童行为的过度控制或操纵。需要考虑算法透明度和可解释性，确保利益相关者能够理解人工智能系统的决策过程，并能对其结果提出疑问。

6.6.2 确保孤独症儿童权益的策略

为保护孤独症儿童的权益，可考虑采用以下策略：

（1）获得家长或监护人的知情同意，并确保他们理解技术的使用目的和潜在风险。

（2）为儿童提供适当的隐私保护，使用儿童友好的界面和控制机制，使他们能够控制自己的数据。

（3）对使用人工智能技术的专业人员进行人工智能伦理培训，以提高他们对这些问题的认识。

（4）建立一个监督机制，对人工智能系统的应用进行持续评估，确保其符合人工智能伦理标准，并及时调整，以应对新出现的问题。

第 7 章　人工智能再创造式音乐治疗对孤独症儿童负面情绪干预研究

孤独症儿童普遍存在情绪障碍，这些障碍表现为情绪表达困难、情绪理解不足以及情绪调节能力弱。孤独症儿童的情绪障碍常常导致其出现多种负面情绪，这些情绪的表达和体验可能因个体差异而有所不同。常见的负面情绪包括焦虑、抑郁、愤怒和悲伤。焦虑在孤独症儿童中较为普遍，可能表现为对新环境或变化的过度担忧，以及对社交互动的恐惧。这种焦虑情绪可能导致儿童出现逃避行为，如拒绝参加集体活动或避免与他人接触。抑郁情绪也可能影响孤独症儿童，使其情绪低落、兴趣减退和活力下降，可能使他们对日常活动失去兴趣，甚至出现自我伤害的行为。愤怒情绪在孤独症儿童中也很常见，通常是对挫折的直接反应。这种愤怒可能表现为大声喊叫、摔东西或攻击他人。悲伤情绪可能源于社交隔离或对自身状况的认识，导致儿童感到孤独和无助。这些负面情绪不仅影响儿童的心理健康，还可能进一步影响他们的社交能力和学习效果。因此，及时识别这些负面情绪并干预，对于改善孤独症儿童的生活质量至关重要。

负面情绪问题还可能导致孤独症儿童行为异常，如出现自我伤害或攻击性行为，给家庭和社会带来沉重负担。通过适当的干预，如音乐治疗、认知行为疗法等，可以帮助孤独症儿童更好地管理和调节自己的情绪，从而促进他们的社会融合和个人发展。

7.1 再创造式音乐应用于孤独症儿童负面情绪干预的研究基础

7.1.1 人工智能技术支持的自闭症儿童负面情绪干预研究

国内外已经出现一些人工智能技术支持的自闭症儿童情绪干预研究。国内外已经出现一些人工智能技术支持的自闭症儿童情绪干预研究，如研究基于深度学习的情绪识别系统，该系统可用于识别自闭症儿童的情绪状态，其通过面部表情识别、语音分析和生理信号监测，实时分析儿童的情绪变化，为干预提供即时反馈；研究基于人工智能技术构建的音乐治疗平台，该平台能够根据自闭症儿童的情绪和行为反应自动调整音乐参数，利用机器学习算法，学习儿童对不同音乐元素的反应，并提供个性化的音乐治疗方案，以促使孤独症儿童情绪稳定和社交技能的发展；研究如何应用机器学习技术改进自闭症儿童的行为分析方式，发现可以应用机器学习技术来分析儿童的日常行为模式和情绪反应，识别出与情绪调节相关的特定行为特征。这项技术有助于制订更为精确的干预计划，通过预测和调整儿童的情绪反应，提高干预的有效性。在国内，李艳玮等提出针对孤独症儿童的情绪情境理解干预方案，通过视频模拟、虚拟现实和社交机器人等技术，帮助孤独症儿童理解情绪和情境。该方案涉及情绪调控情境、放松情境以及复杂的社交情境，目的是增强孤独症患者对情绪和情境的理解[35]。刘洁含等提出情绪识别和情绪反应是孤独症儿童社交技能的关键组成部分。社交辅助机器人（SAR）与孤独症儿童的互动，提高了孤独症儿童对基本情绪的识别能力，使他们在互动过程中能做出更多情绪反应，使他们更愿意与机器人进行社交互动，这为他们与社会环境更有效地互动打下了基础[36]。

7.1.2 再创造式音乐干预研究

音乐治疗是一种将音乐作为治疗方法的系统干预过程，旨在通过音乐体验促进个体的生理、心理和情感健康。它基于音乐与人类情感和生理反应之间的密切联系，通过唱歌、乐器演奏、作曲和跳舞等多种形式，增强个体的自我理解和环境适应能力[37]。再创造式音乐治疗是音乐治疗的一种类型，强调参与者的音乐体验和即兴创作。在孤独症儿童的情绪干预中，再创造式音乐治疗通过旋律和节奏的结合，以及视觉和听觉的同步刺激，帮助孤独症儿童学习如何调节和控制情绪，减少焦虑和压力[38]。

国内外对孤独症儿童进行音乐治疗的研究也取得了一定进展。普赖斯（Preis）测量了音乐治疗中实验组与对照组孤独症儿童眼睛注视持续时间、转头定向持续时间，结果发现音乐治疗比游戏情境治疗更加有效[39]，说明音乐治疗对儿童注意力和情绪稳定性有积极影响。陈蕾等人将 30 例孤独症儿童随机分为实验组和对照组，两组均接受医教结合的整合疗法并对实验组患儿采用音乐治疗[40]，结果发现实验组与对照组相比，在情绪、行为得分上具有统计学差异。另外，李华珏等人对 1 名孤独症患儿运用接受式和再创造式的音乐治疗方法进行干预，分别于干预前、中、后期测量语言及相关能力，结果发现孤独症患儿经过音乐治疗后，情绪识别和控制能力与社会适应能力得到了提高[41]。

7.1.3 人工智能再创造式音乐应用前景及待解决的问题

2019 年 7 月，健康中国行动推进委员会印发了《健康中国行动（2019—2030 年）》，明确提出利用人工智能技术进行疾病识别和个性化康复方案的制定，这为孤独症儿童负面情绪的精准干预指明了方向。人工智能技术的应用不仅能够减少对专业师资的依赖，降低成本，还能够取得传统方法难以达到的干预效果，满足特殊教育领域的现实需求[29]。人工智能技术与再创造式音乐治疗相结合，对孤独症儿童进行情绪干预，可以实时分析儿童的情绪状态，自动调整音乐元素，以匹配其情绪需求。这种个性化的音乐体验能够提高干预的精准度和效果，帮助孤独症儿童更好地理解和表达情绪，促进情绪稳定和社交技能的发展，具有重要的临床意义和应用价值。

大量国内外研究从不同层面证明了人工智能技术及音乐治疗在孤独症儿童情绪干预中应用的可行性和有效性，但现有的许多孤独症儿童负面情绪干预方法采用"一刀切"的策略，没有考虑到孤独症儿童的个体差异，尤其在干预时机、干预内容、干预效果的循环反馈方面无法满足特定儿童的独特需求。具体表现如下：

（1）孤独症儿童的情绪状态是多变的，负面情绪可能突然出现，持续时间不一，并且表达方式可能不明显。因此，及时准确地识别情绪变化并进行干预是一大挑战。现有方法可能无法实时监测儿童的情绪状态，导致错失最佳干预时机。

（2）"一刀切"的干预策略无法满足所有孤独症儿童的需求。每个儿童的情绪触发点、反应方式和偏好都有所不同，统一的干预内容可能无法针对性地解决个体的具体问题，缺乏个性化的干预方案可能导致干预效果不佳或不适用于某些儿童。

（3）干预的短期影响可能难以转化为长期的效应。现有干预可能没有建立长期跟踪和评估机制，导致无法持续监控儿童的情绪状态和社交能力的发展，也难以根据儿童的变化调整干预策略。因此，针对现存方法的不足，本书提出使用再创造式音乐对孤独症儿童负面情绪进行干预的方法，从实时干预、精准干预、适应性干预三大方向展开研究，形成完整的情绪干预闭环，帮助孤独症儿童更好地理解和表达情绪，促使其情绪稳定和社交技能的发展。

本书基于人工智能、音乐治疗与孤独症干预的研究成果，提供一种创新的孤独症儿童负面情绪干预方案。它不仅能够推动孤独症情绪干预理论发展，还能为实际干预提供新的视角。该研究将为孤独症儿童的教育、康复提供科学的评估方法和精准的干预方法。该方法能够实时监测儿童的情绪状态，为教育人员和家长提供决策支持，而音乐干预等情感调节策略可为儿童提供实时的情感支持，帮助他们学习情绪管理和自我调节技能。随着这些创新方法的进一步完善和应用，预计将显著提升孤独症儿童的负面情绪调节能力，促进他们更好地融入社会，提高生活质量。家庭和教育机构可利用这些工具创造支持性环境，推动孤独症儿童的全面发展，为儿童个人及其家庭提供实质性的帮助。

7.2 负面情绪识别系统

孤独症儿童的情绪复杂多变，具有隐蔽性和不稳定性，这些特点使得他们的情绪状态难以被准确识别和理解。负面情绪在孤独症儿童中较为普遍，并且可能对他们的心理健康和社交能力造成严重影响。因此，构建一个针对孤独症儿童的情绪识别系统具有重要意义。

为充分尊重并适应孤独症儿童在情绪表达上的个体差异，在孤独症儿童个性化情绪量化模型的基础上进行情绪识别。传统方法使用生理数据和行为数据实时识别儿童的情绪，忽略儿童情绪状态的连续性和稳定性，而通过分析历史特征数据，模型可以学习儿童个性化的情绪模式，为实时情绪识别提供重要的背景信息。因此，本书将实时情绪特征数据（生理数据、行为数据）和历史特征数据结合，提出了更为全面和精确的个性化情绪量化模型。在个性化情绪量化模型的基础上，采用特征层融合和多维度融合决策的方法，将实时情感特征数据和历史特征数据进行综合分析，进行孤独症儿童情感状态的识别。针对个性化情绪量化模型提供的多源情感状态表征数据，通过细粒度注意力机制挖掘多源数据之间的关联特征，促进多源数据的有效融合，提升情感状态识别的精度。在多源数据交互式融合研究中，首先研究各种输入投影到同一共享向量空间的方法，以及细粒度注意力矩阵的生成方法；其次探索基于细粒度注意力机制的交互特征相关性计算方法，并衡量所输入特征的重要性程度，根据重要性程度进行有效融合。

7.2.1　个体情绪模式的学习与量化

在孤独症儿童的情绪识别中，个体情绪模式的学习与量化是关键步骤，旨在通过分析历史数据和实时数据，构建个性化的情绪模型，从而更准确地识别和理解每个儿童的情绪状态。

1.个性化情绪量化模型的构建

孤独症儿童的情绪表达具有高度的个体差异性和复杂性。为了更好地适应这种差异，可以构建个性化情绪量化模型。该模型不仅考虑实时的情绪特征数据，如生理信号（心率、皮肤电导）和行为数据（面部表情、肢体动作），还考虑了历史特征数据，以学习每个儿童独特的情绪模式。通过分析历史数据，模型可以识别情绪状态的连续性和稳定性，为实时情绪识别提供重要的背景信息。

2.多模态数据融合

为了提高情绪识别的准确性，可以采用多模态数据融合技术。多模态数据包括生理数据、行为数据和环境数据。生理数据通过可穿戴设备实时采集，行为数据通过视频分析和传感器技术获取，环境数据则包括周围的声音、光线等信息。这些数据通过特征提取和预处理，转化为可用于分析的特征向量。

3.细粒度注意力机制

在多源数据融合过程中，细粒度注意力机制被用于挖掘不同数据源之间的关联特征。细粒度注意力机制能够关注最有用的信息，提升特征融合的效果。具体来说，细粒度注意力机制可通过将不同数据源的特征投影到同一共享向量空间，生成细粒度注意力矩阵，计算主输入和辅助输入之间的相关性；使用 softmax 函数量化每个辅助输入对主输入的重要性，生成基于注意力机制的辅助输入表示；将主输入和基于注意力机制的辅助输入在全连接层进行拼接，得到融合特征。

7.2.2 实时情绪监测与分析

基于个性化情绪量化模型和多模态数据融合，系统能够实时监测孤独症儿童的情绪状态。这一过程首先依赖先进的传感器技术，这些传感器能够持续收集儿童的生理数据，如心率、皮肤电导、呼吸频率等。其次，通过视频分析和动作传感器获取行为数据，包括面部表情、肢体动作和语音语调等。这些数据通过预处理和特征提取，转化为可用于分析的特征向量。系统通过细粒度注意力机制，动态调整对不同数据源的关注度，从而更准确地识别情绪变化。例如，当检测到心率和皮肤电导有显著变化时，系统会自动增加对这些生理信号的关注，同时结合行为数据和历史特征数据，综合判断情绪状态。这种多模态数据的融合和细粒度注意力机制的应用，不仅提高了情绪识别的准确性，还能够及时发现情绪的微小变化，为干预提供依据。

实时监测和分析的应用效果显著。通过持续监测孤独症儿童的情绪状态，系统能够及时发现儿童的情绪波动，尤其负面情绪的出现。例如，当儿童出现焦虑或紧张情绪时，其心率和皮肤电导通常会显著升高，面部表情可能变得紧张，肢体动作可能变得僵硬。系统通过综合分析这些数据，能够准确识别儿童的情绪状态，并及时发出警报。教育者和家长可以根据这些警报，采取相应的干预措施，如提供安慰、调整环境或进行情绪调节训练。系统还可以根据情绪状态的变化，自动调整音乐干预的策略，如选择更舒缓的音乐或调整音乐的节奏和音量，以帮助儿童缓解负面情绪。这种实时监测和分析不仅提高了情绪识别的准确性，还为孤独症儿童提供了更及时、更个性化的支持，有助于提高他们的生活质量和社会适应能力。通过长期的数据收集和分析，系统能够不断优化情绪识别模型，进一步提高干预的效果和效率。

7.3 再创造式音乐干预系统与活动

7.3.1 再创造式音乐干预系统

构建再创造式音乐干预系统，旨在通过音乐的力量促进孤独症儿童情绪调整和情绪管理能力的发展。系统的核心在于利用情绪识别技术，实时监测儿童的情绪波动情况，并自动匹配相应的音乐，以实现情绪的同步调节。系统通过动态调整音乐元素，包括节奏、力度、旋律和和声，以适应儿童即时的情绪状态，确保治疗的实时性和个性化。在治疗过程中，儿童参与各种再创造式音乐活动，如即兴演奏、音乐创作和互动游戏，使儿童能够在安全和具有支持性的环境中探索和表达自己的情感。音乐干预系统扮演着治疗师的角色，通过与儿童的积极互动，帮助他们认识、理解和调节自己的情绪。根据儿童在音乐活动中的实时反馈和情绪变化，系统将智能调整音乐的节奏、旋律和音量，同时优化活动流程，完善互动方式，确保每位儿童都能获得个性化的音乐体验和情绪支持。再创造式音乐干预系统通过音乐与技术的结合，可为孤独症儿童提供一个新的富有成效的干预途径。

7.3.2 再创造式音乐活动的设计与实施

再创造式音乐活动的设计旨在通过音乐的力量促进孤独症儿童的情绪调整和情绪管理能力的发展。这些活动不仅提供了一个安全和具有支持性的环境，让儿童能够自由地探索和表达自己的情感，还通过音乐的即兴创作和互动，增强他们的社交技能和自我认知。活动设计遵循以下原则：①个性化，根据每个儿童的情绪状态和偏好，设计独特的音乐体验；②互动性，鼓励儿童与治疗师、同伴以及其他参与者进行互动，促进社交技能的发展；③即兴性，强调音乐的即兴创作，让儿童在创作过程中表达自己的情感和想法；④适应性，活动内容和难度根据儿童的实时反馈进行调整，确保活动满足儿童需求，确保活动的有效性。

再创造式音乐活动的形式多样，旨在通过音乐的即兴创作和互动，促进孤独症儿童的情绪调节和社交技能发展。即兴演奏让儿童自由使用乐器表达情感，治疗师借助人工智能系统，根据情绪变化调整音乐元素，如在儿童情绪紧张时降低节奏，增加舒缓旋律，助其放松。音乐创作鼓励儿童创作自己的作品，治疗师提供基础结构，AI 系统给出和弦或旋律建议，增强创作的完整性和表现力。在互动游戏（如"音乐接力"）中，儿童轮流演奏，AI 系统调整难度和节奏，提供反馈和鼓励，增强参与感和合作能力。情感表达活动则引导儿童通过即兴演奏表达特定情绪，AI 系统分析演奏并提供相应音乐反馈，如在儿童演奏悲伤旋律时，系统调整音色和和声，提供安慰性音乐，帮助儿童缓解情绪。

活动实施需遵循一系列步骤来确保效果。活动前，需布置舒适环境，调试设备，评估儿童初始情绪。活动过程中，通过热身引入，进行主体活动时实时监测情绪，提供支持和调整，鼓励情感反馈。活动后，再次评估情绪，进行反馈讨论，记录分析数据，为后续活动优化提供依据。这种结构化的实施步骤有助于系统地引导儿童参与音乐活动，同时确保活动能够根据儿童的实时情绪状态进行个性化调整，最大化干预效果。

7.4 基于长期跟踪机制的反馈循环系统

建立一个包含长期跟踪机制的反馈循环系统，使再创造式音乐干预系统（治疗师）能够根据反馈结果调整治疗计划，确保治疗的持续性和适应性。反馈循环系统可确保孤独症儿童接受高度个性化和动态调整的音乐治疗。在定期综合评估阶段，通过使用行为量化评估工具，对儿童的社交互动、情绪表达和语言能力进行周期性评估，以全面了解儿童的发展情况和需求。通过评估数据，识别儿童对音乐干预的特定反应模式和偏好，揭示儿童对不同音乐元素的敏感度和喜好。再创造式音乐干预系统（治疗师）基于评估和分析结果，对治疗计划进行细致调整，可能包括改变音乐干预的频率、强度、风格或专注于特定技能的训练，以更好地适应儿童的发展需求和个性化偏好。整个反馈循环系统的设计不但确保了治疗的个性化和动态性，而且使再创造式音乐干预系统（治疗师）能够根据儿童的实时反应和长期进展情况，不断完善治疗计划。这种持续的评估和调整流程，保证了自闭症儿童能够接受最适合他们的音乐治疗，从而显著提升治疗的效果，支持他们的社会交往、情感和认知全面发展。

7.4.1 反馈循环系统的设计原则

反馈循环系统的设计原则旨在确保自闭症儿童的音乐治疗过程既个性化又动态可调。第一，系统必须持续进行数据收集，包括对情绪状态的实时监测和长期跟踪，以捕捉儿童情绪和行为的细微变化。第二，评估应定期进行，使用标准化的行为量化工具，全面了解儿童在社交互动、情绪表达和语言能力等方面的发展。第三，系统设计需强调个性化调整，根据评估结果细致修改治疗计划，如调整音乐干预的频率、强度或音乐风格，以适应每个儿童的独特需求。第四，反馈循环应促进治疗师与儿童的积极互动，通过实时反馈增强儿童的参与感和自我认知。第五，系统应具备自我优化能力，将每次评估后的调整反馈至情绪识别和音乐干预模块，不断改进治疗方案，以支持孤独症儿童在社会、情感和认知方面的全面发展。

7.4.2 长期跟踪的数据收集与评估

长期跟踪收集数据旨在全面记录孤独症儿童在接受音乐治疗过程中的各种变化。长期跟踪的数据收集涉及对多种类型数据的持续监测，包括生理数据（如心率、皮肤电导、脑电波等）、行为数据（如面部表情、肢体动作、社交互动频率等）以及自我报告数据（如果儿童能够提供）。通过可穿戴设备和环境传感器，可以实时自动收集这些数据，确保信息的准确性和完整性。定期的临床评估和家长反馈也是数据收集的重要来源，它们可以帮人们从不同角度观察和理解儿童的状态。所有数据都被整合到一个中央数据库中，供后续分析和评估用。

评估阶段利用收集到的数据，通过科学的方法和工具，对孤独症儿童的情绪状态、社交能力和整体发展情况进行量化分析。评估指标包括情绪稳定性的增强、社交互动能力的提升、焦虑和抑郁症状的减轻等。使用先进的数据分析技术，如机器学习算法，可以识别数据中的模式和趋势，从而更准确地评估治疗效果。评估结果可用于衡量当前治疗计划的有效性，还可为未来的治疗计划的调整提供依据。通过这种持续的评估和反馈，治疗师能够及时了解儿童的进步和面临的挑战，进而优化治疗策略，确保为每个儿童提供最适合的音乐治疗方案。

7.4.3 治疗计划的调整与优化

在孤独症儿童的音乐治疗过程中，治疗计划的调整与优化是确保治疗效果的重点。通过定期评估和反馈循环系统，治疗师能够收集到关于儿童情绪状态、行为反应和治疗参与度的详细数据。这些数据为治疗计划的调整提供了科学依据。例如，如果评估结果显示儿童在特定音乐元素下的情绪反应更为积极，治疗师可以增加这些元素的使用频率，或者调整音乐的节奏和旋律，以更好地匹配儿童的情绪状态。此外，治疗师还可以根据儿童的社交互动和语言能力的发展，调整治疗目标和活动内容，确保治疗计划始终与儿童的成长需求相适应。

为了实现治疗计划的持续优化，治疗师需要采用多种策略。首先，治疗师可与家长和教育者保持密切沟通，了解儿童在家庭和学校环境中的表现，以便更全面地评估治疗效果。其次，治疗师可以利用人工智能技术，分析大量的治疗数据，识别最有效的音乐干预模式和策略。最后，治疗师可定期参加专业培训和学术交流，了解最新的研究成果和治疗技术，不断更新自己的知识体系。通过这些策略，治疗师能够确保治疗计划始终处于最佳状态，为孤独症儿童提供最有效的干预，帮助他们更好地管理情绪，提升社交技能，促进孤独症儿童的全面发展。

7.5 负面情绪干预流程

针对现有孤独症儿童负面情绪干预方法存在干预不及时、干预不精准、干预效果难反馈三大问题，提出使用再创造式音乐对孤独症儿童负面情绪进行干预的方法。在此，本书从实时干预、精准干预、适应性干预三大方向展开研究，形成完整的情绪干预闭环。

负面情绪干预流程如图 7-1 所示，具体干预流程如下。

7.5.1 情绪识别数据采集

利用生理、行为数据传感器收集孤独症儿童的生理和行为数据，包括心率、皮肤电、面部表情和脑电数据等，为情绪识别提供实时的多维度特征信息。

7.5.2 情绪识别与分析

将采集的传感器数据输入情绪识别系统,通过实时数据处理算法和个性化情绪量化模型,快速识别和响应儿童的情绪状态。该系统重点考虑儿童情绪的复杂性、隐蔽性、不稳定性以及个体差异。

7.5.3 再创造式音乐干预

根据情绪识别结果,再创造式音乐干预系统自动选择和调整音乐元素(如节奏、旋律、响度、和声、音色等),以适应儿童情绪状态的变化,及时调节。儿童参与即兴演奏、音乐创作和互动游戏,可以促进自身情绪调整和情绪管理能力的发展。

7.5.4 干预效果评估与数据采集

使用传感设备采集儿童在接受音乐干预后的情绪状态数据。这些数据将用于评估音乐干预的效果,并为干预策略调整提供依据。

7.5.5 反馈循环与持续优化

基于长期跟踪机制的反馈循环系统，对采集到的新状态数据进行综合评估。根据评估结果，结合儿童的发展需求和个性化偏好，调整音乐干预的频率、强度、音色风格等。同时，将调整后的儿童历史特征数据反馈给情绪识别系统和音乐干预系统，形成一个持续优化的循环。

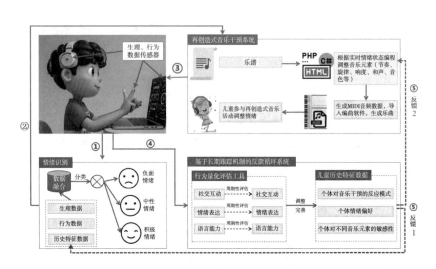

图 7-1　负面情绪干预流程

第8章　人工智能支持下的共情能力量化研究

共情指个体识别和理解他人的情绪状态，并对其行为、意图做出推测的心理过程，是成功进行社会互动的基础。研究者使用不同的研究方法和研究对象对其进行研究，认为共情包括情绪共情和认知共情，两者相互影响并互为补充。情绪共情使个体能够感受到他人的情绪状态，产生利他的行为动机，是人际交往的基础。情绪共情能力可通过测量情绪自动感知和面部表情模仿两方面进行测量。认知共情是个体在认知的基础上，理解他人的想法和意图，并做出合理推测，提升个体对他人行为的配合能力。

社交障碍是孤独症谱系障碍的核心诊断特征，共情缺陷是孤独症个体社交障碍的主要诱因之一，导致孤独症个体的社会性功能障碍，难以识别和理解他人的情绪状态，无法推测他人的行为和意图，导致他们存在社会交往障碍。因此，对 ASD 儿童共情过程中各阶段能力进行量化，了解 ASD 儿童共情缺陷，找出 ASD 儿童和TD 儿童共情状态下的差异性数据，能够为 ASD 儿童的早期识别提供研究基础。

本章通过情绪自动感知数据（生理数据）和自发性面部表情模仿数据（行为数据）分析孤独症儿童情绪共情缺陷的数据表现，通过认知水平数据（认知数据）分析孤独症儿童认知共情缺陷的数据表现，研究孤独症儿童共情过程中生理、行为和认知数据的特异性，为智能化的孤独症儿童识别研究提供基础。

8.1 被试与实验设计

8.1.1 被试

实验共招募 41 名儿童被试，实验过程中 3 名儿童因不能配合施测教师完成实验任务被排除（2 名儿童不愿佩戴生理数据采集设备，1 名儿童不回应提问问题），有效完成实验任务的儿童共 38 名，分为 ASD 组和 TD 组，实验前与两组儿童家长签订了实验知情同意书。ASD 组儿童 19 人，平均生理月龄 73 个月龄（$SD=8$）；TD 组儿童 19 人，平均生理月龄 72 个月龄（$SD=6$）。研究采用皮博迪图片词汇测试修订版（peabody picture vocabulary test-revised，PPVT-R）对儿童的智力和语言能力进行评估。根据 PPVT-R 分数，选择了在智力和语言能力上与 ASD 组相匹配的 TD 组儿童。t 检验显示，两组间 PPVT-R 得分无显著性差异（$t = 0.319$，$p = 0.751$）。儿童的年龄、性别及 PPVT-R 测试得分如表 8-1 所示。对象入组标准：① ASD 组儿童被专业儿科医师确诊为孤独症，满足美国精神疾病分类 DSM-V 的诊断标准，除孤独症外，不存在其他精神类疾病及发展障碍；② TD 组儿童经体格检查和精神检查，行为表现正常，无智力、多动、自闭等行为问题及病史；③两组儿童之间不存在性别和年龄上的显著性差异。

表8-1　两组儿童的性别、月龄和PPVT-R成绩

组别	性别		月龄		PPVT-R成绩	
	男生	女生	M	SD	M	SD
ASD组	18	1	73	8	39.053	11.549
TD组	18	1	72	6	40.263	11.827

8.1.2 实验程序和实验材料

在学校教师陪同下，每个被试单独进行实验，ASD组和TD组在相同的实验环境下完成实验任务。实验过程中使用到的硬件设备包括计算机（显示情绪刺激材料和关联性问题）、摄像设备（采集被试的面部表情）、Empatica E4生理信号传感器（采集被试皮肤电活动信号）。前两种设备为非侵入性信息采集设备，后一种设备佩戴至儿童手腕处，不限制或影响儿童活动自由，因此不会引起儿童情绪上的变化。实验共包含10个部分（block），每个block中

包含一段 12 秒的视频。播放视频之前，施测教师 A 要求儿童在左手佩戴 Empatica E4 生理信号传感器并协助其佩戴，实验指导语为"小朋友，现在老师要帮你佩戴一款超级手表，看看我们是不是很勇敢？"佩戴好后，施测教师 A 播放视频，实验指导语为"小朋友，老师陪你一起观看一段好看的动画片！"，施测教师 B 操作摄像设备记录被试的面部表情，并在视频开始和 2 秒处分别做一次时间事件同步标注。视频播放结束后，施测教师 B 打开 E-prime 软件，施测教师 A 按照 E-prime 软件中显示的相关问题进行提问，实验指导语为"小朋友，老师问你几个问题，你可以用手指一指对应的图片来回答，也可以说出来"。提问的问题分别如下：

（1）请指一指，哪个是动画片里出现过的地方？

（2）请指一指，动画片里有哪几个人？

（3）请指一指，哪一个是妈妈 / 爸爸 / 姥姥？哪一个是孩子？

（4）请指一指，这个小朋友在视频里面是什么心情？

（5）请指一指，小朋友为什么开心 / 不开心？

（6）请指一指，动画片里的人在做什么？

提问过程中，施测教师 B 用 E-prime 软件记录被试的回答情况，每个 block 执行完成后，给出 30 秒的休息时间再进入下一个 block。实验程序如图 8-1 所示。

实验使用情绪刺激材料唤起被试不同的情绪状态。在初始素材库中，共有 50 段情绪刺激材料。材料来源于少儿题材的情景剧《家有儿女》，由 3 位特殊儿童康复教育领域专家（1 位儿保科副主任医师、2 位特教专业副教授）观看这 50 段刺激材料，并对每一段材料的情绪类型和唤醒度进行评价，情绪类型分为正向情绪、中性情绪和负向情绪，唤醒度由平静到兴奋，共分为 5 个等级。评估后，排除被专家评价为中性情绪的刺激材料，从其余的刺激材料中选择平均唤醒度评分最高的 5 段正向刺激材料和 5 段负向刺激材料。选出的 10 段刺激材料，主题内容分别为受表扬、助人为乐、排练节目、放学回家、吃零食、被蚊虫叮咬、挑食厌食、玩具损坏、心情不好、受惊吓。每段视频持续 12 秒，视频的前两秒是黑屏，用来测量被试在平静状态下的基线皮肤电活动信号，后 10 秒用来测量被试情绪唤醒状态下的皮肤电活动信号。前 5 个视频片段表现出愉快的积极情绪，而最后 5 个视频片段表现出悲伤的消极情绪。在实验过程中，为了避免不同材料情绪的相互影响，在播放每个视频之后，被试休息 30 秒，消除前一段视频材料对当前情绪状态的影响。

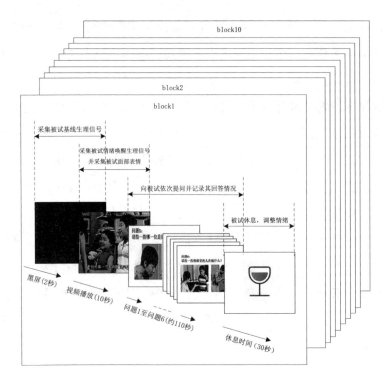

图 8-1　实验程序

依据帕斯（PASS）认知模型中儿童认知能力评估体系，结合刺激材料的内容和信息的不同加工方式，将评估体系中的评估指标细化为互动性问题，考察儿童对视频中空间环境、人物角色及情绪的识别与认知能力，同时考察儿童对人物关系、事件原因、人物动作的推理和预测能力，根据儿童的答题得分，评估其认知共情能力。每段视频设置的关联性问题由 3 位专家（1 位儿保科副主任医师、2 位特教专业副教授）共同完成，并在 ASD 组和 TD 组儿童中进行了试测，具有较高的信度（重测信度相关系数 $R = 0.889$）

和区分度（高分组人数为 19 人，低分组人数为 9 人，区分度指数 $D = 0.36$）。

8.1.3 数据及处理方法

本书中数据分析方法综合使用了计算机学科的实验方法和心理学的实证研究方法。数据处理流程如图 8-2 所示。先采集被试皮肤电数据并进行特征提取，然后使用 K-means 算法对特征进行聚类，得到每一个皮肤电数据样本的情绪类型，再通过卡方检验数据两组儿童情绪唤醒能力的差异。关于面部表情数据，先用计算机视觉领域的面部表情识别算法识别儿童的面部表情，将识别结果与刺激材料表情类型匹配，匹配成功表示产生了正确的面部表情模仿，再通过卡方检验探究两组儿童表情模仿能力的差异。认知数据可通过计算每一组的答题正确率得到，正确率高的组认知共情能力较强。为了探究两组在不同共情阶段的认知差异，对两组在不同情绪唤醒状态和不同表情模仿状态下的认知结果进行配对样本 t 检验，分析 ASD 组和 TD 组儿童认知共情与情绪唤醒状态、认知共情与面部表情模仿状态之间的关系。

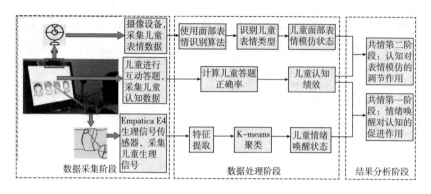

图 8-2　数据处理流程

8.2 数据分析方法

8.2.1 生理信号的采集与预处理

情绪共情表现为个体对他人情绪的自动感知，是共情的基础阶段。生理信号中皮肤电活动（electrodermal activity, EDA）对交感神经的变化最敏感，能有效反映个体情绪的自动感知情况。本书在实验探究过程中使用 Empatica E4 生理信号传感器采集被试

EDA 信号，在数据的采集过程中，由于环境干扰或人为因素影响，不可避免存在噪声，在曲线图形上会显示出"毛刺"和"尖峰"。为了减少噪声干扰，提高数据的质量，需对原始数据进行平滑和滤波处理，使用 25 点 Hamming 窗函数进行数据平滑处理，使用 Butterworth 低通滤波器滤除带外噪声（滤波器阶数设置为 2，截止频率设置为 0.3 赫兹）。以某被试为例，使用 Empatica E4 智能手环采集其观看刺激材料时的生理数据，每次采集时长为 10 秒，对该被试的生理信号原始数据进行平滑和滤波预处理，处理后效果图如图 8-3 所示。

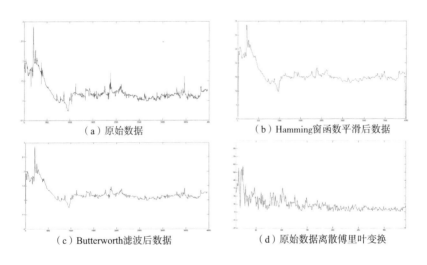

（a）原始数据　　　　　　　　（b）Hamming窗函数平滑后数据

（c）Butterworth滤波后数据　　（d）原始数据离散傅里叶变换

图 8-3　原始数据预处理效果图

数据进行了平滑和滤波处理后，参照德国奥古斯堡大学（Augsburg University）EDA 数据特征提取的方法，提取反映 EDA 信号变化的 30 个统计特征，每一个特征的具体描述如表 8-2 所示。

其中，前 24 个特征是时域特征，后 6 个特征是频域特征。EDA 信号个体差异性很大，并且会随着时间、地点、环境的变化而改变，因此要将不同个体的特征数据进行去个体差异化处理，方法如式（8-1）所示：

$$Y = Y_{\text{init}} - Y_{\text{calm}} \qquad (8-1)$$

式中：Y_{calm} 为某时间段个体基线生理信号特征值的平均数；Y_{init} 为个体接受情绪刺激时的生理信号特征值；Y 为去除个体差异后的生理信号特征数据。

为了把各特征的尺度控制在相同的范围内，在进行了去个体差异化处理后需要对特征进行归一化处理，以便在后续的情绪聚类过程中得到更精确的分类结果。特征归一化的方法如式（8-2）所示：

$$Y_0 = \frac{Y - Y_{\text{mean}}}{Y_{\text{max}} - Y_{\text{min}}} \qquad (8-2)$$

式中：Y_{mean} 为 Y 的均值；Y_{max} 为 Y 中的最大值；Y_{min} 为 Y 中的最小值。

提取特征并进行特征归一化之后，样本的特征维度较高，冗余的特征会带来一定的噪声，影响分类结果，而且无关的特征会加大运算量，耗费大量的运算时间和运算资源，因此可以使用主成分分析算法减少特征空间维度，抽取子空间数据来更好地表达样本信息。获得样本后，使用 K-Means 无监督机器学习聚类算法对情绪样本进行分类，获得刺激材料所唤醒的儿童情绪类型，并与对应的刺激材料情绪类型做对比，评估儿童的情绪自动感知能力。K-Means 无监督机器学习聚类算法能够发现数据对象之间的关系，将数据进行分组，使同组内的数据相似性较大，不同组间的数据差异性较大。算法采用欧式距离作为相似性的评价指标，即两个数据的欧式距离越近，其相似度就越大，*K* 为需要聚类出的组数。实验中情绪类型分为两类，因此算法中 *K* 设为 2。

表8-2　30 个统计特征描述

特征编号	数据	数据描述
01	均值	原始数据
02	中值	原始数据
03	标准差	原始数据
04	最大值	原始数据
05	最小值	原始数据
06	幅度范围	原始数据
07	最大值比率	原始数据
08	最小值比率	原始数据
09	均值	原始数据一阶差分
10	中值	原始数据一阶差分
11	标准差	原始数据一阶差分

特征编号	数据	数据描述
12	最大值	原始数据一阶差分
13	最小值	原始数据一阶差分
14	幅度范围	原始数据一阶差分
15	最大值比率	原始数据一阶差分
16	最小值比率	原始数据一阶差分
17	均值	原始数据二阶差分
18	中值	原始数据二阶差分
19	标准差	原始数据二阶差分
20	最大值	原始数据二阶差分
21	最小值	原始数据二阶差分
22	幅度范围	原始数据二阶差分
23	最大值比率	原始数据二阶差分
24	最小值比率	原始数据二阶差分
25	均值	原始数据离散傅里叶变换

特征编号	数据	数据描述
26	中值	原始数据离散傅里叶变换
27	标准差	原始数据离散傅里叶变换
28	最大值	原始数据离散傅里叶变换
29	最小值	原始数据离散傅里叶变换
30	幅度范围	原始数据离散傅里叶变换

8.2.2 面部表情数据的采集与预处理

除了情绪自动感知能力，情绪共情还表现为个体对他人情绪表情的模仿，刺激材料中的情绪性面孔能诱发个体对他人表情的模仿。研究孤独症儿童对他人表情的模仿情况，可借助计算机视觉领域的面部表情识别算法和相关设备。Intel RealSense 是一台带有深度信息的摄像设备，它自带的 Intel RealSense SDK 软件开发工具包中提供了手势交互、面部识别、面部表情识别等多种计算机视觉算法。其中，面部表情识别主要通过检测并跟踪面部 78 个关键点的细微变化，进行面部表情识别和分析。关键点通常分布于嘴唇、眼睛、脸颊等位置。通常做出高兴表情时嘴角翘起，脸颊上扬；做出生气表情时嘴唇紧闭，脸颊下垂。通过对关键点位置的跟踪，该设备可以识别出高兴、难过或者中性等面部表情，识别效果如图8-4所示。

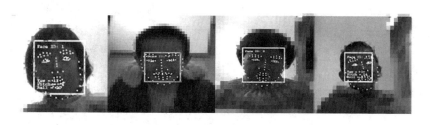

图 8-4 面部表情识别效果图（做马赛克处理，保护儿童隐私）

每个被试面部表情识别时长为 10 秒，RealSense 的识别帧速率为 60 帧 / 秒，每个样本总帧数为 600 帧。为了反映被试最真实的表情模仿情况，在整个数据采集过程中并未限制被试的活动自由。被试头部自由移动导致部分帧面部偏移角度大，无法进行表情识别，因此需计算出表情帧识别率，将识别率低于 50% 的样本视为无效样本，表情帧识别率 = 识别出表情的帧数 / 总帧数。

8.2.3 认知效果反馈数据的采集与预处理

认知共情是共情的核心维度之一，指个体在社交互动中通过心理理论推测他人想法、意图及行为动机的能力。本书采用基于

PASS 理论的学龄前儿童认知评估体系，根据情绪刺激材料的内容和特点，将评估体系中的评估指标细化为儿童对视频中空间环境、人物及情绪的识别与认知能力，对人物关系、事件原因、人物动作的推理和预测能力。儿童在不同情绪状态下，针对每一项细化指标，设置相应的互动性问题，根据每一项问题的答题得分，评估儿童的各项能力。根据实验流程，被试在执行每一次 block 的过程中，在受到刺激材料的情绪刺激后，进入互动答题环节。每个问题分值为 1 分，回答正确记 1 分，回答错误记 0 分。

8.3　结果与分析

8.3.1 两组儿童对不同情绪刺激的自动感知能力

研究分别对参与实验的 38 名被试在 10 种不同的情绪刺激材料刺激下的 EDA 信号进行数据采集，得到 380 个数据样本。原始数据在经过了降噪和滤波处理后，分别统计每个样本中基线数据的平均值和情绪激活状态下数据的平均值。若后者高出前者 15%，并且情绪激活数值为 [0.5，4.0]，则认为儿童当前处于情绪唤醒状态。

如图 8-5（a）所示为被试情绪唤醒成功状态，如图 8-5（b）所示为被试情绪唤醒失败状态，SCL 代表基线期的 EDA 数据，SRC 代表情绪激活期的 EDA 数据。按照此方法对 380 个数据样本进行筛选，共有 321 个数据样本处于情绪唤醒状态，其中孤独症样本 144 个，TD 样本 177 个。处于情绪唤醒状态的儿童可能存在不同的情绪类型，可对 EDA 特征，使用机器学习算法划分出不同的情绪类型，判断儿童的情绪类型是否与刺激材料的情绪类型一致。

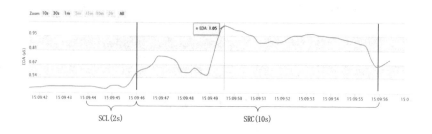

（a）情绪唤醒成功状态

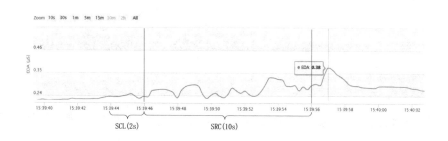

（b）情绪唤醒失败状态

图 8-5　情绪唤醒的两种典型状态

　　处于情绪唤醒状态的儿童可能存在不同的情绪类型。本书使用 K-means 聚类算法来区分儿童情绪唤醒状态下的情绪类型，进而判断儿童的情绪类型是否与刺激材料的情绪类型一致。由于情绪刺激可分为积极情绪刺激和消极情绪刺激，将 K 设为 2，最大迭代次数设为 500，距离函数采用欧氏距离。对 144 个孤独症样本进行 K-means 聚类，结果显示聚类 1 中有 89 个样本，占 61.8%，聚类 2 中有 55 个样本，占 38.2%，即 ASD 组有 89 个积极情绪样本，55 个消极情绪样本。

　　按照同样的处理方法，可以得到 TD 组有 105 个积极情绪样本和 72 个消极情绪样本。在每个情绪样本中，如果刺激材料的情绪类型与 K-means 识别出的情绪类型一致，则说明该样本的情绪被正确唤醒。据此，分别对 ASD 组和 TD 组中情绪唤醒正确和情绪唤醒错误的样本进行统计。根据儿童组别及情绪唤醒结果将儿童分为 4 类，如表 8-3 所示。在 ASD 组中，111 个样本被正确唤醒，33 个样本被错误唤醒；在 TD 组中，152 个样本被正确唤醒，25 个样本被错误唤醒。采用卡方检验，探究两组儿童情绪唤醒能力的差异。结果表明，两组儿童的情绪唤醒能力无显著性差异（ $\chi^2=4.146$，$p=0.057$ ）。

表 8-3 各组情绪唤醒结果交叉表

组别	正确唤醒	错误唤醒	合计
ASD 组	111	33	144

续表

组别	正确唤醒	错误唤醒	合计
TD 组	152	25	177
合计	263	58	321

　　根据信号检测理论，分别对 ASD 组和 TD 组儿童的情绪唤醒状态样本进行分析，计算两组的击中率（积极情绪刺激唤醒积极情绪或消极情绪刺激唤醒消极情绪）和虚报率（消极情绪刺激唤醒积极情绪或积极情绪刺激唤醒消极情绪），结果如表 8-4 和表 8-5 所示。由表 8-4 可知，在积极情绪刺激下，ASD 组儿童情绪唤醒击中率和虚报率均高于消极情绪刺激，说明积极情绪刺激具有更强的唤醒能力。由表 8-5 可知，在积极情绪刺激下，TD 组儿童情绪唤醒击中率和虚报率高于消极情绪刺激，同样说明积极情绪刺激具有更强的唤醒能力。

　　将击中率和虚报率转换为 d'（敏感度）和 β（判断标准），测试积极情绪和消极情绪刺激下两组儿童对不同情绪敏感度和判断标准的差异。ASD 组在两种情绪刺激下，d' 无显著性差异（$t = 1.573$，$p = 0.125$），但是 β 存在显著性差异（$t = -2.270$，$p = 0.029$，Cohen's d = 0.737）；TD 组在两种情绪刺激下，d' 无显著性差异（$t = -0.398$，$p = 0.693$），但是 β 存在显著性差异（$t = -4.327$，$p < 0.01$，Cohen's d = 0.404）。从 t 检验的结果可以看出，在两种

情绪刺激下儿童的敏感度没有差异，但情绪刺激类型对儿童的情绪唤醒状态有显著影响。

表8-4 ASD 组情绪唤醒击中率和虚报率

情绪刺激类型	击中率		虚报率	
	M	*SD*	*M*	*SD*
积极情绪刺激	0.737	0.189	0.200	0.176
消极情绪刺激	0.432	0.203	0.147	0.187

表8-5 TD 组情绪唤醒击中率和虚报率

情绪刺激类型	击中率		虚报率	
	M	*SD*	*M*	*SD*
积极情绪刺激	0.884	0.121	0.221	0.199
消极情绪刺激	0.716	0.180	0.042	0.084

8.3.2 两组儿童对不同情绪表情的模仿能力

在被试观看刺激性视频材料时，使用面部表情识别算法，对所有被试进行实时面部表情识别。根据有效面部表情样本的定义方法，本书在研究过程中生成有效表情样本 279 个，其中 ASD 组有 117 个有效表情样本，TD 组有 162 个有效表情样本。在这些有效样本中，如果持续性表情帧（ ≥ 10 帧）的表情类型与刺激材料的表情类型一致，可以认为该样本为正确的表情模仿。据此，分别统计 ASD 组和 TD 组中表情模仿正确和表情模仿错误的样本数。根据分组和表情模仿结果，将所有有效样本分为四类，如表 8-6 所示。在 ASD 组中，正确面部表情模仿样本数为 23，错误面部表情模仿样本数为 94；TD 组中，正确面部表情模仿样本数为 131，错误面部表情模仿样本数为 31。采用卡方检验，探讨 ASD 组和 TD 组儿童面部表情模仿能力的差异。结果表明，两组儿童面部表情模仿能力存在显著性差异（ χ^2=102.911，p <0.01 ）。由表 8-6 可以看出，与 TD 组儿童相比，ASD 组儿童模仿他人面部表情时，正确表情模仿较少，错误表情模仿较多，表明 ASD 组儿童表情模仿能力较差。统计每个样本中算法第一次检测到持续性表情帧（ ≥ 10 帧）出现的延迟时间，发现 ASD 组样本持续性表情帧出现的延迟时间（ M=358.675，SD=133.810 ）长于 TD 组（ M=235.117，SD=70.398 ），表明 ASD 组儿童在面部表情模仿方面存在困难。

表8-6　各组面部表情模仿结果交叉表

组别	正确模仿面部表情	错误模仿面部表情	合计
ASD 组	23	94	117
TD 组	131	31	162
合计	154	125	279

根据信号检测理论，分别对 ASD 组和 TD 组儿童的面部表情模仿情况做进一步分析，计算两组的击中率（积极情绪刺激唤醒积极表情模仿或消极情绪刺激唤醒消极表情模仿）和虚报率（消极情绪刺激唤醒积极表情模仿或积极情绪刺激唤醒消极表情模仿），如表8-7 和表8-8 所示。由表8-7 和表8-8 可知，TD 组中，在积极情绪刺激下击中率和虚报率均高于消极情绪刺激，表明 TD 组儿童对积极表情的模仿能力更强。与 TD 组相似，ASD 组儿童模仿积极表情的能力也强于模仿消极表情的能力。

表8-7　ASD 组儿童面部表情模仿击中率和虚报率

情绪刺激类型	击中率		虚报率	
	M	SD	M	SD
积极情绪刺激	0.168	0.203	0.095	0.181

续表

情绪刺激类型	击中率		虚报率	
	M	SD	M	SD
消极情绪刺激	0.074	0.137	0.032	0.075

表8-8 TD组儿童面部表情模仿击中率和虚报率

情绪刺激类型	击中率		虚报率	
	M	SD	M	SD
积极情绪刺激	0.832	0.167	0.253	0.174
消极情绪刺激	0.547	0.289	0.074	0.119

将击中率和虚报率转换为 d'（敏感度）和 β（判断标准），对两组儿童的 d' 和 β 数据进行 t 检验，检查在这两种情绪刺激下，两组儿童对不同情绪的敏感度和判断标准差异。在 ASD 组中，两种情绪刺激下的 d'（$t = 0.564$，$p = 0.576$）和 β（$t = 1.302$，$p = 0.201$）均无显著性差异，表明孤独症儿童对两种情绪刺激的敏感度无显著性差异，情绪刺激类型对表情模仿结果影响不明显。在 TD 组中，两种情绪刺激下的 d'（$t = 0.436$，$p = 0.666$）无显著性差异，但两种情绪刺激下 β（$t = -3.014$，$p = 0.005$）有显著性差异，表明两种

情绪刺激下儿童的敏感度没有显著性差异，但情绪刺激类型对 TD 组儿童表情模仿结果有显著影响。

8.3.3 两组儿童在不同情绪刺激下的认知共情能力

本书基于 PASS 理论的学龄前儿童认知评估体系设置互动性问题，考察了儿童对视频中空间环境、人物角色及情绪的识别与认知能力，同时考察儿童对人物关系、事件原因、人物动作的推理和预测能力，根据儿童的答题得分评估其认知共情能力。空间环境认知、人物角色认知及情绪认知属于简单的信息加工任务，而原因推理、动作预测属于复杂信息加工任务。数据统计结果显示，ASD 组儿童答题正确率为 48.2%，TD 组儿童答题正确率为 92.9%，ASD 组儿童的认知共情能力较差。ASD 组儿童在简单信息加工任务中的答题正确率为 68.2%，在复杂信息加工任务中的答题正确率为 28.2%，表明 ASD 组儿童较差的认知共情能力主要体现在复杂信息加工任务上。

分别对 ASD 组和 TD 组儿童在情绪唤醒正确和情绪唤醒错误状态下的认知效果进行配对样本 t 检验，结果如表 8-9 所示。由表 8-9 可知，在两种不同的情绪唤醒状态下，ASD 组儿童的认知结果存在显著性差异（$t = 5.504$，$p < 0.01$，Cohen's d = 0.178），情绪正确唤醒状态下的认知效果更好；TD 组儿童在两种不同的情

绪唤醒状态下的认知结果也存在显著性差异（$t = 5.929$，$p < 0.01$，Cohen's d $= 0.379$），情绪正确唤醒状态下的认知效果更好。研究结果初步表明，情绪是否正确唤醒可能会影响认知效果，情绪正确唤醒对认知效果有积极的促进作用。ASD 组和 TD 组研究结果的一致性表明，从情绪自动感知到认知共情阶段，ASD 组表现正常。

分别对两组儿童在面部表情正确模仿和面部表情错误模仿状态下的认知效果进行配对样本 t 检验，结果如表 8-9 所示。由表 8-9 可知，ASD 组儿童在两种模仿状态下的认知结果无显著性差异（$t = -1.189$，$p = 0.250$），TD 组儿童在两种模仿状态下的认知结果有显著性差异（$t = 14.571$，$p < 0.01$，Cohen's d $= 0.926$）。ASD 组和 TD 组的研究结果并不一致，表明从认知共情到面部表情模仿阶段，ASD 组表现异常。

表 8-9　两组儿童在不同情绪唤醒状态和表情模仿状态下的认知数据配对样本 t 检验

配对		成对差分					t	df	Sig.（2-tailed）
		均值	标准差	均值的标准误差	差分的95%置信区间				
					下限	上限			
Pair 1**	孤独症_CECEA & 孤独症_CEICEA	1.105	0.875	0.200	0.683	1.527	5.504	18	.000

续表

配对		成对差分					t	df	Sig.（2-tailed）
		均值	标准差	均值的标准误差	差分的95%置信区间				
					下限	上限			
Pair 2**	TD_CECEA & TD_CEICEA	0.894	0.657	0.151	0.577	1.211	5.929	18	.000
Pair 3	孤独症_CEFEI & 孤独症_CENFEI	−0.315	1.157	0.265	−0.873	0.241	−1.189	18	0.250
Pair 4**	TD_CEFEI & TD_CENFEI	1.789	0.535	.122	1.531	2.047	14.571	18	.000

注：①孤独症 = Autism Spectrum Disorder；TD = Typically developing；孤独症_CEFEI = The cognitive effects of the 孤独症 group under the condition of facial expression imitation；孤独症_CENFEI = The cognitive effects of the 孤独症 group under the condition of no facial expression imitation；TD_CEFEI = The cognitive effects of the TD group under the condition of facial expression imitation；TD_CENFEI = The cognitive effects of the TD group under the condition of no facial expression imitation；孤独症_CECEA = The cognitive effects of 孤独症 group in condition of correct emotional arousal；孤独症_CEICEA = The cognitive effects of 孤独症 group in condition of incorrect emotional arousal；TD_CECEA = The cognitive effects of TD group in condition of correct emotional arousal；TD_CEICEA = The cognitive effects of TD group in condition of incorrect emotional arousal。

②* $p < 0.05$；** $p < 0.01$。

8.4 讨论

本书收集了 ASD 组儿童和 TD 组儿童共情条件下的生理数据（EDA 数据）、行为数据（面部表情数据）和认知水平数据，对两组儿童共情过程中数据层面的不同表现和特点进行对比，进而对孤独症儿童共情条件下生理、行为和认知特异性进行研究，为孤独症儿童的早期识别提供参考和依据。

8.4.1 孤独症儿童情绪共情能力发展特点

情绪共情能力可从情绪自动感知能力和面部表情模仿能力两方面进行测量。本书统计了 ASD 组、TD 组情绪正确唤醒的样本数、情绪错误唤醒的样本数、面部表情正确模仿的样本数和面部表情错误模仿的样本数；对各组数据进行卡方检验，探索 ASD 组儿童和 TD 组儿童的情绪自动感知能力是否存在显著性差异、面部表情模仿能力是否存在显著性差异；通过对击中率和虚报率以及 d'（敏感度）和 β（判断标准）的计算，分析 ASD 组和 TD 组儿童对情绪刺激材料的情绪偏好。研究结果如下：其一，通过卡方检验发现，两组间情绪唤醒能力无显著性差异，但表情模仿能力存在显著性差异；其二根据信号检测理论，情绪刺激类型对两组儿童的情绪唤醒状态有显著性影响，积极的情绪刺激比消极的情绪刺激表现出更强的情绪唤醒能力，两组儿童模仿积极表情的能力强于模仿消极表情的能力。因此，与情绪自动感知能力相比，ASD 组儿童与 TD 组儿童的面部表情模仿能力差异更大，ASD 组儿童的情绪共情缺陷主要体现在较差的面部表情模仿能力上；与 TD 组儿童相同，正向情绪材料比负向情绪材料更容易诱发 ASD 组儿童的情绪共情。

已有研究认为，情绪自动感知能力是共情机制的一部分，指个体通过镜像神经元系统或社会互动无意识地识别他人情绪的能力，是共情最基础、普遍存在的形式。因此，实验中 ASD 组儿童和 TD 组儿童情绪唤醒能力差异不明显。另一方面，陈（Chen）的研究表明，ASD 儿童在手势动作模仿、手指精细动作模仿、口－面部动作模仿等几种模仿形式中，口－面部动作模仿难度最大，模仿成绩最低[42]。王广帅等人通过对 ASD 儿童情绪面孔识别过程进行眼动追踪，发现 ASD 儿童在面部表情认知与加工方面存在缺陷[43]。戴西迪（Decety）等发现在执行模仿任务时，ASD 组儿童镜像神经系统皮质活动强度弱于 TD 组儿童[44]。镜像神经元的作用是帮助人类通过观察产生具身模仿行为，镜像神经系统帮助个体在社交活动中模仿他人的表情。ASD 儿童在观看面部表情时，镜像神经元并没有被相应激活，表明 ASD 个体镜像神经元系统受到损害，导致其模仿能力差。以上研究结果解释了实验中 ASD 儿童存在较差的面部表情模仿能力的原因。ASD 儿童与 TD 儿童在执行模仿任务时，正向情绪更容易引发 ASD 儿童的情绪共情。

因此，可以推断，ASD 儿童情绪共情能力缺陷主要体现在较差的表情模仿能力，他们更倾向于模仿正向情绪表情。孤独症儿童的表情模仿能力缺陷与他们的镜像神经元系统受损有关，在 ASD 儿童情绪共情能力的干预过程中，要针对模仿能力进行训练，鼓励他们通过表情的模仿进行情感的表达。由于 ASD 儿童和 TD 儿童面部表情模仿能力差异较大，面部表情模仿能力可能成为早期识别 ASD 儿童的有效行为指标。

8.4.2 孤独症儿童认知共情能力发展特点及其与情绪共情的关系

本书基于 PASS 理论测量儿童认知共情能力，结果如下：① ASD 组儿童的答题正确率为 48.2%，TD 组答题正确率为 92.9%，ASD 组儿童认知共情能力较差；ASD 组中，简单信息加工任务的答题正确率为 68.2%，复杂信息加工任务的答题正确率为 28.2%，表明 ASD 组儿童较差的认知共情能力主要体现在复杂信息加工任务上；②在情绪正确唤醒和未正确唤醒两种状态下，对两组儿童的认知结果进行配对样本 t 检验，均发现显著性差异，表明情绪是否正确唤醒是影响认知结果的因素，并对认知结果有正向的促进作用，ASD 组和 TD 组结果的一致性表明从情绪自动感知到认知共情阶段，ASD 组的表现正常；③在产生面部表情模仿和未产生面部表情模仿两种情况下，对两组儿童的认知结果进行配对样本 t 检验，在 ASD 组没有发现显著性差异，而 TD 组有显著性差异，表明 ASD 组在认知共情到面部表情模仿阶段表现异常。这些研究结果表明，与 TD 组相比，ASD 组儿童认知共情能力较差，存在认知共情缺陷；ASD 组儿童情绪共情中的情绪自动感知能力影响其认知共情能力，对认知共情有正向促进作用。ASD 组儿童从情绪自动感知到认知共情阶段表现正常，但从认知共情到面部表情模仿阶段表现异常。因此，在研究情绪共情能力与认知共情能力关系时，需将情绪共情分为情绪自动感知和面部表情模仿两个层次进行研究，ASD 组中情绪共情与认知共情能力之间的相互关系是多层次的。认知能力缺陷是孤独症共情缺陷的主要特征。共情过程的两个阶段以及各组在每个阶段的表现如图 8-6 所示。

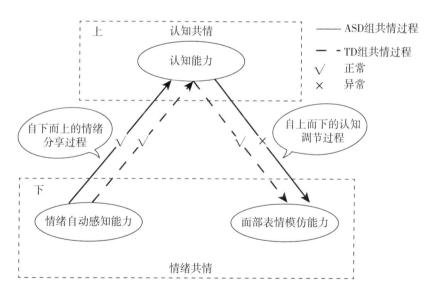

图 8-6　共情过程的两个阶段以及各组在每个阶段的表现

已有研究认为，共情是自下而上的情绪分享过程和自上而下的认知调节过程互相作用的结果。范（Fan）等人通过脑电数据研究发现共情过程分为早期的情绪分享和晚期的认知调节[45]。在本书中，实验结果显示，两组儿童在不同情绪唤醒状态下的认知效果均存在显著性差异，两组结果的一致性表明，从情绪自动感知到认知共情阶段，ASD 组的表现正常，表明孤独症儿童共情过程中存在正常的自下而上的情绪分享过程。戴西迪（Decety）的研究表明共情始于情绪自动感知，但共情最终的产生需要认知因素自上而下地对情绪共情产生调节[44]。从物种演化和个体发展的角度，情绪共情产生于认知共情之前，情绪分享在认知共情的调节作用下出现了共情关注、面部表情模仿等不同的表现形式。实验结果显示，TD儿童是否产生面部表情模仿的认知效果存在显著性差异，而孤独症儿童不存在显著性差异。这种不一致性说明从认知共情到面部表情模仿阶段 ASD 的表现存在异常，呈现出了孤独症儿童共情过程中异常的自上而下的认知调节过程。共情自下而上和自上而下的两个过程是彼此联系、互相影响的，正常的社交活动需要这两个过程均衡发展并相互配合，否则会产生共情缺陷，影响正常的社会生活。

实验结果表明 ASD 儿童认知共情能力较差，这主要体现在复杂信息加工任务上。有研究提出，在简单的信息加工任务上（包括注意、简单记忆、简单语言、概念辨别和视觉空间领域），孤独症个体几乎等同于正常个体的表现，但在复杂信息加工任务（技巧性动作、复杂记忆、复杂语言、概念形成和问题解决）上，孤独症个体表现相对落后。明秀（Minshew）曾经提出一个孤独症"复杂信息加工缺陷"的理论[46]。弱中心统合理论（weak cen-tral coherence）认为：孤独症个体的认知加工是局部和片段的，他们过分关注事物的细节，无法把局部信息整合成一个有意义的整体，这导致他们在简单任务上表现较好，在复杂任务上表现较差。本书中，空间环境认知、人物角色认知及情绪认知属于简单的信息加工任务，而原因推理、动作预测属于复杂信息加工任务，因此可推测出 ASD 组儿童认知共情能力较差主要体现在复杂信息加工任务上。

本书推测 ASD 儿童存在认知共情缺陷主要体现在复杂信息加工任务上。ASD 儿童的共情过程存在正常的自下而上的情绪分享过程和异常的自上而下的认知调节过程，导致其情绪分享和认知调节过程失调。认知共情能力可能是区分 ASD 儿童和 TD 儿童的有效指标，其中复杂信息加工能力可能具有更好的区分度。

参考文献

[1] MAENNER M J. Prevalence of autism spectrum disorder among children aged 8 years-autism and developmental disabilities monitoring network, 11 sites, United States, 2014[J]. MMWR. Surveillance Summaries, 2020, 69(4): 1-12.

[2] ZHOU H, XU X, YAN W L, et al. Prevalence of autism spectrum disorder in China: A nationwide multi-center population-based study among children aged 6 to 12 years[J]. Neuroscience Bulletin, 2020, 36(9): 961-971.

[3] SHIMABUKURO T T, GROSSE S D, RICE C. Medical expenditures for children with an autism spectrum disorder in a privately insured population[J]. Journal of Autism and Developmental Disorders, 2008, 38: 546-552.

[4] AMERICAN PSYCHIATRIC ASSOCIATION DSM-TASK FORCE ARLINGTON VA US. Diagnostic and statistical manual of mental disorders: DSM-5™ (5th ed.)[J]. Codas, 2013, 25(2): 191.

[5] BONS D, VAN DEN BROEK E, SCHEEPERS F, et al. Motor, emotional, and cognitive empathy in children and adolescents with autism spectrum disorder and conduct disorder[J]. Journal

of Abnormal Child Psychology, 2013, 41: 425−443.

[6] BAKER C E. Fathers' and mothers' home literacy involvement and children's cognitive and social emotional development: Implications for family literacy programs[J]. Applied Developmental Science, 2013, 17(4): 184−197.

[7] DAPRETTO M, DAVIES M S, PFEIFER J H, et al. Understanding emotions in others: Mirror neuron dysfunction in children with autism spectrum disorders[J]. Nature Neuroscience, 2006, 9(1): 28−30.

[8] 郭亚静. 音乐治疗对自闭症儿童情绪行为的干预研究 [D]. 重庆: 重庆师范大学, 2019.

[9] 宿淑华, 胡慧贤, 赵富才. 基于 ICT 的自闭症谱系障碍儿童情绪干预研究综述 [J]. 中国特殊教育, 2019(4)：47−53.

[10] 鲍勇, 鲍晓青. 健康中国行动"六大精准"服务研究与发展建议 [J]. 中华全科医学, 2020, 18(7): 1069−1072.

[11] 中华医学会儿科学分会发育行为学组, 中国医师协会儿科分会儿童保健专业委员会, 儿童孤独症诊断与防治技术和标准研究项目专家组. 孤独症谱系障碍儿童早期识别筛查和早期干预专家共识 [J]. 中华儿科杂志, 2017, 55(12): 890−897.

[12] 易慧, 陈瑞娟, 邓光华, 等. 基于心率变异性的情绪识别研究 [J]. 生物医学工程研究, 2020, 39(2): 128−132.

[13] CHANEL G , KRONEGG J , GRANDJEAN D , et al. Emotion

assessment: Arousal evaluation using eeg's and peripheral physiological signals[C]//GUNSEL B, JAIN A K, TEKALP A M, et al. Proceedings of the 2006 International Conference on Multimedia Content Representation, Classification and Security. Heidelberg: Springer−Verlag, 2006: 530−537.

[14] 柳长源, 李文强, 毕晓君. 基于脑电信号的情绪特征提取与分类 [J]. 传感技术学报, 2019, 32(1): 82−88.

[15] KIM J, ANDRÉ E. Emotion recognition based on physiological changes in music listening[J]. IEEE Transactions on Pattern Analysis and Machine Intelligence, 2008, 30(12): 2067−2083.

[16] 汪伟鸣, 邵洁. 融合面部表情和肢体动作特征的情绪识别 [J]. 电视技术, 2018, 42(1): 73−76, 83.

[17] PETRUSHIN V. Emotion in speech: Recognition and application to call centers[C]// Proceedings of the Artificial Neural Networks in Engineering. New York: Springer−Verlag, 1999: 710−731.

[18] SAMSON A C, HARDAN A Y, PODELL R W, et al. Emotion regulation in children and adolescents with autism spectrum disorder[J]. Autism Research, 2015, 8(1): 9−18.

[19] 李含笑, 龙泉杉, 陈安涛, 等. 奖赏动机对情绪调节的影响 [J]. 生理学报, 2019, 71(4): 562−574.

[20] NUSKE H J, HEDLEY D, WOOLLACOTT A, et al. Developmental delays in emotion regulation strategies in

preschoolers with autism[J]. Autism Research, 2017, 10(11): 1808−1822.

[21]TOTSIKA V, HASTINGS R P, EMERSON E, et al. A populationbased investigation of behavioural and emotional problems and maternal mental health: Associations with autism spectrum disorder and intellectual disability[J]. Journal of Child Psychology and Psychiatry, 2011, 52(1): 91−99.

[22]THOMSON K, RIOSA P B, WEISS J A. Brief report of preliminary outcomes of an emotion regulation intervention for children with autism spectrum disorder[J]. Journal of Autism and Developmental Disorders, 2015, 45: 3487−3495.

[23]HARTMANN K, URBANO M R, RAFFAELE C T, et al. Outcomes of an emotion regulation intervention group in young adults with autism spectrum disorder[J]. Bulletin of the Menninger Clinic, 2019, 83(3): 259−277.

[24]刘静. AutPlay 疗法对自闭症儿童情绪调节能力的干预研究 [D]. 杭州：杭州师范大学, 2021.

[25]张勇，余园园，余瑾，等. 自闭症儿童康复中的音乐治疗干预研究进展 [J]. 中国康复医学杂志, 2020, 35(12): 1517−1521.

[26]BEKELE E, WADE J, BIAN D, et al. Multimodal adaptive social interaction in virtual environment (MASI−VR) for children with Autism spectrum disorders (ASD)[C]// Proceedings of the 2016 IEEE Virtual Reality (VR). Piscatawa: IEEE, 2016: 121−130.

[27] RAO K, SKOUGE J. Using multimedia technologies to support culturally and linguistically diverse learners and young children with disabilities[M]//HEIDER K L, JALONGO M R. Young Children and families in the information age: Applications of technology in early childhood, Berlin：Springer, 2015: 101−115.

[28] BEVILL R, AZZI P, SPADAFORA M, et al. Multisensory robotic therapy to promote natural emotional interaction for children with ASD[C]//Proceedings of the 11th ACM/IEEE International Conference on Human−Robot Interaction. Piscatawa: IEEE, 2016: 571.

[29] 陈靓影，王广帅，张坤，等 . 基于计算机游戏的自闭症谱系障碍儿童评估研究 [J]. 电化教育研究 , 2017, 38(11): 81−86, 120.

[30] 刘翠娟，刘箴，刘婷婷，等 . 虚拟现实在焦虑症和自闭症治疗中的应用研究 [J]. 系统仿真学报 , 2015(10): 2233−2238.

[31] CHARMAN T. Why is joint attention a pivotal skill in autism?[J]. Philosophical Transactions of the Royal Society of London. Series B: Biological Sciences, 2003, 358(1430): 315−324.

[32] BURKHARDT S. The challenge of social competence for students with autism spectrum disorders (ASD)[J]. Advances in Special Education, 2008, 18: 1−24.

[33] DEREU M, ROEYERS H, RAYMAEKERS R, et al. Exploring individual trajectories of social communicative development in toddlers at risk for autism spectrum disorders[J]. Research in

Autism Spectrum Disorders, 2012, 6(3): 1038-1052.

[34]WORLEY J A, MATSON J L. Comparing symptoms of autism spectrum disorders using the current DSM-IV-TR diagnostic criteria and the proposed DSM-V diagnostic criteria[J]. Research in Autism Spectrum Disorders, 2012, 6(2): 965-970.

[35]李艳玮, 安然, 邵雨琪, 等. 智慧教育视域下自闭症儿童的情绪理解干预 [J]. 中国特殊教育, 2021(12): 47-53.

[36]刘洁含, 李甦. 社交机器人辅助干预孤独症谱系障碍儿童研究进展 [J]. 教育生物学杂志, 2021, 9(1): 1-5, 21.

[37]LIN P, LIN M, HUANG L, et al. Music therapy for patients receiving spine surgery[J]. Journal of Clinical Nursing, 2011, 20(7-8): 960-968.

[38]刘玉婷. 再创造式音乐治疗对自闭症儿童语音、词汇量发展的影响 [D]. 长春: 东北师范大学, 2019.

[39]PREIS J, AMON R, ROBINETTE D S, et al. Does music matter? The effects of background music on verbal expression and engagement in children with autism spectrum disorders[J]. Music Therapy Perspectives, 2016(1): 106-115.

[40]陈蕾, 陶洪梅, 李红, 等. 音乐治疗干预自闭症儿童临床效果的实证研究 [J]. 重庆医学, 2010, 39(18): 2481-2482, 2485.

[41]李华钰. 音乐治疗对孤独症患儿语言发展效果的个案研究 [J]. 中国康复理论与实践, 2016, 22(3): 261-264.

[42]陈光华. 孤独症谱系儿童模仿能力系列研究 [D]. 上海：华东师范大学, 2009.

[43]王广帅, 陈靓影, 张坤. 基于多重因素混合设计和眼动追踪的孤独症谱系障碍儿童情绪面孔识别 [J]. 科学通报, 2018, 63(31): 3204-3216.

[44]DECETY J, CHAMINADE T, GRÈZES J, et al. A PET exploration of the neural mechanisms involved in reciprocal imitation[J]. Neuroimage, 2002, 15(1): 265-272.

[45]FAN Y, HAN S. Temporal dynamic of neural mechanisms involved in empathy for pain: An event-related brain potential study[J]. Neuropsychologia, 2008, 46(1): 160-173.

[46]MINSHEW N J, GOLDSTEIN G. Autism as a disorder of complex information processing[J]. Developmental Disabilities Research Reviews, 2015, 4(2): 129-136.